Joyería
Manual práctico de técnicas

Joyería
Manual práctico de técnicas

Jinks McGrath

ACANTO

© 2008 Editorial Acanto
Barcelona - Tel. 934189093
www.editorialacanto.com

Título original: THE COMPLETE JEWELLERY MAKING COURSE
© 2007 Quarto Publishing
Londres

Traducción: Mar Vidal
Revisión técnica: Ana Rafecas

Fotocomposición: Tamiz
ISBN: 978-84-95376-77-0
Impreso en China

Sumario

Introducción   6

Capítulo 1: Empezar   8

Unidad 1: Inspirarse   10

Unidad 2: Usar fotografías   14

Unidad 3: Valorar las ideas   16

Unidad 4: Plasmar las ideas   18

Unidad 5: Encargar metales   20

Unidad 6: Probar técnicas   22

Unidad 7: El banco de trabajo   24

Unidad 8: Herramientas básicas   26

Unidad 9: Metales preciosos   34

Unidad 10: Metales no preciosos   38

Unidad 11: Piedras   40

Capítulo 2: Técnicas   44

Unidad 12: Tomar medidas   46

Unidad 13: Transferir diseños   50

Unidad 14: Perforar   52

Unidad 15: Templar   58

Unidad 16: Enfriar y desoxidar   60

Unidad 17: Limpiar   63

Unidad 18: Moldear   64

Unidad 19: Cortar   68

Unidad 20: Unir   70

Unidad 21: Soldar   72

Unidad 22: Limar   76

Unidad 23: Utilizar yunques   80

Unidad 24: Pulir y acabar   84

Unidad 25: Abombar y realizar cilindros   88

Unidad 26: Agujerear   90

Unidad 27: Accesorios   92

Unidad 28: Piezas fundidas   96

Unidad 29: Trabajar con el martillo   101

Unidad 30: Utilizar calibres   104

Unidad 31: Usar un laminador   106

Unidad 32: Engastar piedras   108

Unidad 33: Crear texturas   115

Unidad 34: Trabajar con hilo de metal   119

Capítulo 3: Proyectos de práctica 124

Proyecto 1: Anillo con cabujón engastado   126

Proyecto 2: Gemelos de fundición   129

Proyecto 3: Brazalete grabado   130

Proyecto 4: Pendientes decorados
            con hilo de oro   132

Proyecto 5: Colgante con textura   134

Proyecto 6: Broche circular   136

Tabla de equivalencias   140

Índice temático   142

Fuentes y créditos   144

Introducción

A lo largo de 35 años de practicar, enseñar y escribir sobre joyería, no creo haber pasado ni un solo día en el taller en el que no haya aprendido algo nuevo, probado una manera distinta de hacer algo o hablado con algún colega sobre su manera de hacer las cosas. Ésta es, en mi opinión, la razón por la que cada día sigue siendo tan placentero, y también la razón por la que sigo experimentando un interés apasionado por todos los aspectos de la confección de joyas.

En este libro vuelvo a los inicios, no sólo para explicar cómo se hacen las cosas, sino también para explicar por qué pueden funcionar de una manera y no de otra. También doy consejos sobre el uso correcto de las herramientas y sobre la importancia de utilizar la más adecuada para cada tarea. Y doy respuesta a los problemas que yo mismo me encontré planteándome y tratando de resolver hace tantos años.

Jinks McGrath

Sobre este libro

El *Manual práctico de técnicas* está organizado en 34 unidades que explican los aspectos esenciales de la confección de joyas. Incluye seis proyectos prácticos que reúnen las técnicas aprendidas.

Capítulo 1: Empezar
Descubra dónde buscar para inspirarse, cómo desarrollar ideas nuevas, y aprenda sobre las herramientas y materiales que precisará para empezar a hacer joyas.

INFORMACIÓN TÉCNICA
La información técnica está presentada con claridad.

PANELES ILUSTRADOS
Los paneles ilustrados destacan la información e ideas clave.

CUADRO "VÉASE TAMBIÉN"
Los cuadros "Véase también" sugieren consultas a unidades relacionadas.

Capítulo 2: Técnicas
En esta parte se explican todas las técnicas necesarias para empezar a hacer realidad sus diseños.

PANEL CON UN PROYECTO PRÁCTICO
Referencia a proyectos que usan técnicas particulares.

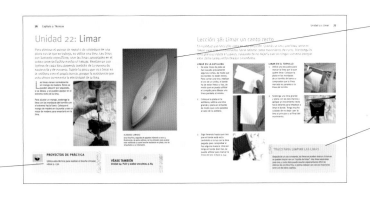

EJEMPLOS DE INSPIRACIÓN
A lo largo de todo el libro hay puntos concretos del aprendizaje que se ilustran mediante fotos de ejemplos que sirven de inspiración.

CONSEJOS
Se dan consejos y pistas útiles para ayudarle a sacar el máximo partido de sus herramientas.

Capítulo 3: Proyectos de práctica
Estos seis proyectos están diseñados especialmente para poner en práctica las habilidades enseñadas en el capítulo sobre técnicas.

MATERIALES Y HERRAMIENTAS
Lista de los materiales y herramientas necesarios para completar los proyectos por orden de utilización.

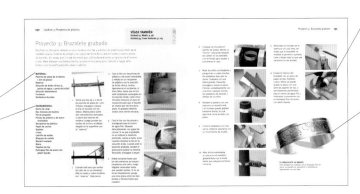

INSTRUCCIONES PASO A PASO
Cada lección o proyecto está explicado con texto claro y fotografías informativas.

IMAGEN DE LA PIEZA ACABADA
Una fotografía clara de la pieza acabada le muestra lo que debe esperar obtener.

Capítulo 1
Empezar

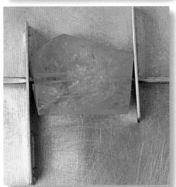

Este capítulo examina las distintas maneras de inspirarse y de comprender cómo utilizar las ideas de la manera más práctica y que se adapte a las técnicas que domina. Aproveche todas las oportunidades que tenga para mirar a su alrededor, esbozar ideas y motivarse por cualquier cosa a la vista. Puede que empiece a tener ideas sólo tras cierta práctica con los metales y herramientas. Si es así, déjese un poco de tiempo entre sus sesiones o clases prácticas para descubrir qué es lo que le inspira, de modo que la próxima vez que se siente ante el banco de trabajo tenga ya una idea de adónde quiere dirigirse.

Unidad 1: Inspirarse

Descubrir lo que le gusta y lo que no, es el primer objetivo de esta unidad. Como en cualquier cosa que tenga que ver con el diseño, lo importante es lo que usted ve: lo que le inspira y le emociona. Las ideas de estas páginas son una simple guía para ayudarle a encontrar los métodos que mejor le van a funcionar cuando usted empiece a crear sus propias ideas y diseños.

Las visitas a museos, galerías de arte y exposiciones son una manera excelente de empezar. Incluso si vive usted lejos de una ciudad grande con museos nacionales, en el museo de su ciudad más cercana puede hallar muchos objetos en los que inspirarse. Los fragmentos de cerámica o de cristales antiguos allí expuestos pueden resultar muy interesantes, así como las imágenes de viejas industrias, ya haya sido una influencia principal en el pasado o lo siga siendo todavía.

Si es usted lo bastante afortunado como para tener acceso a un museo más grande, entonces busque la sección especializada en joyería. También podría mirar en la sección de obras de metal y de forja, que suelen albergar objetos relacionados con la confección de joyas. Observe también las armaduras, las espadas, los cuchillos, los juegos de café y té, y los cristales de colores, como en las lámparas de Tiffany.

PLANIFIQUE Y PREPARE

Trate de planificar lo que quiere ver antes de empezar a pasearse por el museo. Pida un plano y visite las salas que más le interesan en primer lugar. Llévese una libreta y un lápiz y dibuje cualquier cosa que le parezca realmente bella.

MIRE CON ATENCIÓN

Cuando examine una pieza de joyería hágalo detenidamente y trate de averiguar cómo debió de hacerse. Busque los puntos de reparación y las costuras, o pregúntele al conservador del museo si alguna pieza ha sido radiografiada. Esto le ayudaría a averiguar cómo se hizo.

ADAPTE IDEAS

Inspírese en las fotos de joyería de los libros, pero trate de aportar algo suyo a cualquier idea de diseño que pueda haber tenido al mirarlas. Por ejemplo, intente simplificar una idea reteniendo sólo la forma o el color de la pieza original.

Recoger ideas

Acostúmbrese a recoger y guardar ideas que le sirvan de inspiración.

POSTALES

Empiece una colección de postales de piezas que ha visto y que le han gustado en las distintas exposiciones. Cuélgueselas en una pared o en un tablón para tener imágenes que puedan inspirarle para mirar mientras se toma el primer café del día.

CUADERNO DE RECORTES

Recorte fotos de revistas de cosas que ha encontrado interesantes y guárdelas en un cuaderno o álbum. Escanee o baje imágenes de Internet y utilice el ordenador para guardarlas.

Museos: Visite museos y estudie las joyas y los objetos de bronce y cobre, las herramientas agrícolas e industriales y cualquier otra cosa que encuentre estimulante. Recuerde que los pequeños museos locales pueden ser fascinantes y le darán una idea excelente de la topografía de una zona.

Galerías: Descubra dónde están las galerías de su zona. Visite todas sus exposiciones y pida que lo pongan en su correo. Estas fuentes están pensadas para gente como usted. Aprenda a discernir qué exposiciones le gustan y cuáles no. ¡Está bien que no todas le gusten!

Exposiciones y talleres abiertos: Busque en la prensa local o en las listas de las revistas los avisos de nuevas exposiciones. Por ejemplo, su ciudad puede tener alguna celebración en la que los artistas locales abren sus estudios al público. Aproveche para ver la obra de otros artistas, comprar piezas que lo puedan inspirar y hablar con ellos sobre su obra. Puede que algunas exposiciones o ferias presenten a artistas en pleno proceso de creación. Aproveche para observar qué técnicas y herramientas utilizan.

Revistas: La mayoría de revistas de moda incluyen publicidad de joyería e incluso reportajes especiales sobre joyas. Hasta en revistas que no tienen nada que ver con la moda se pueden encontrar imágenes de gente que lleva joyas, o anuncios de galerías que exponen joyas. Y también hay revistas especializadas: pregunte en su quiosco o biblioteca cuáles están en el mercado.

Libros: Los libros sobre joyería son una fuente fantástica para descubrir cómo trabajan los joyeros de todo el mundo. Búsquelos en su biblioteca local, o mire qué títulos encuentra a través de Internet.

Internet: Utilice la opción de imágenes en los buscadores de Internet para encontrar fotos, dibujos y gráficos que le puedan informar e inspirar sobre cualquier tema que se le pueda ocurrir de entre un amplio abanico de fuentes. Como con cualquier fuente de información, no copie la obra de otros artistas, pero utilícea para inspirarse.

EJERCICIO DE INSPIRACIÓN

Pruebe el siguiente ejercicio intentando descubrir un método para encontrar una inspiración exclusiva. No hay normas rígidas ni inquebrantables. Es un viaje de descubrimiento para ver cuáles son las cosas que le provocan algún tipo de impacto emocional: cosas que le llaman la atención por cualquier motivo; cosas que encuentra interesantes, bonitas, controvertidas, oscuras o emocionantes; cosas que le pueden abrir maneras de ver los objetos cotidianos bajo un prisma totalmente distinto.

Viva donde viva, tómese un tiempo para salir a pasear. Mire a su alrededor, arriba y abajo. ¿Qué formas puede ver silueteadas frente al cielo? ¿Qué tiene a la altura de los hombros? ¿Cómo es el suelo por el que camina? ¿Qué dibujo tiene la acera? Tal vez vaya por un sendero a través del bosque, tal vez camine en dirección a un centro comercial... Esté donde esté, siempre encontrará algo interesante si mira con detenimiento. ¿Qué formas dibujan las sombras proyectadas? ¿Puede ver reflejos en los cristales? ¿Cómo cuelga una gota de agua de una hoja? ¿Ha visto algún trabajo de forja interesante en su paseo por el parque? Hasta si no puede utilizar ninguna de las cosas que observa directamente, el simple hecho de ser consciente de que existen surtirá algún efecto sobre sus ideas.

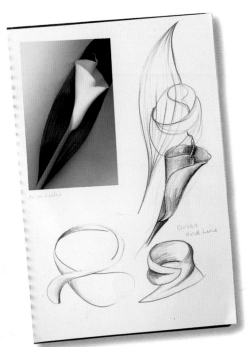

FORMAS CURVAS

Aquí, el joyero se inspiró en la foto de un lirio. Las largas curvas de la flor se han transportado a una bella curvatura que dará ideas para hacer un anillo, o tal vez un pendiente.

¿DÓNDE MIRAR?

Claro y oscuro: Modifique su forma de mirar las sombras y la manera en que la luz se refleja sobre las superficies; trate de reducirlas a formas concretas. Observe cómo evoluciona una sombra específica durante el día y se va alargando. Mire las siluetas contra el horizonte y vea las distintas sombras y formas que dibujan.

Edificios: La arquitectura puede ser una fantástica fuente de ideas. Algunos edificios modernos tienen formas y siluetas espectaculares. Muchos de los edificios más antiguos, como las iglesias, transmiten una sensación única de atmósfera, el legado de una técnica y dedicación casi increíble de los arquitectos y constructores que los crearon.

Naturaleza: ¿Qué gran pintor, escultor, ceramista, joyero o diseñador no se ha inspirado en algún momento de su obra en la naturaleza? La forma tan perfecta del centro de una flor, la espectacularidad de una puesta de sol, la manera en que la luna nos intriga noche tras noche. Déjese influenciar por las cosas sorprendentes en las que los humanos no hemos intervenido nunca.

Moda: Como diseñador y joyero es muy adecuado que esté al tanto de la moda. Esté atento a las tendencias de colores y formas que se ven en las pasarelas. No hace falta que se deje llevar por lo que está de moda en cualquier momento, pero sí que tiene mucho que aprender de lo que está pasando "ahí fuera".

Multiculturalidad: Manténgase abierto a las influencias de otras culturas. Por ejemplo, los tejidos tradicionales de África, el arte aborigen australiano o los vestidos y máscaras de las islas del Pacífico son fuentes fabulosas de ideas que pueden dar forma a sus diseños.

Explorar ideas

Aprenda a analizar lo que ve mientras busca inspiración. Trasponga ideas en vez de tomarlas literalmente. Juegue con los materiales y los efectos para crear algo nuevo y original.

CLARO Y OSCURO

Cree un diseño a partir de las ideas de claro y oscuro: Recorte formas de papel grueso y negro y colóquelas sobre una hoja blanca para mostrar los tonos y formas en contraste. Luego puede volver a cortar y extender las formas negras para crear formas más interesantes.

EFECTOS DEL TEJIDO

Trabajar una idea a partir del tejido puede dar bellos efectos sobre el metal, pero recuerde que el metal no tiene la misma flexibilidad. Observe la caída de una falda, los efectos de sus varias capas o su dobladillo irregular; también podría pensar en utilizar un poco de tejido como parte integral de su diseño.

FORMAS SÓLIDAS

Utilice objetos sólidos, como un edificio, para inspirar un diseño. Coja fotos de edificios y copie sus formas con lápiz y papel. Dibuje los espacios entre edificios para ver las formas que aparecen: observe la silueta que dibujan frente al cielo.

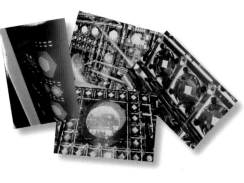

OBJETOS NATURALES

Recoja hojas, piedras, flores, conchas o corcho y expóngalos sobre el banco de trabajo (o cerca del mismo). En vez de usar toda una hoja o toda una flor como inspiración, pruebe con partirla y trabajar con sólo un fragmento; podría resultar más interesante que tratar de copiarla entera.

Unidad 2: Usar fotografías

Como diseñador de joyas, la fotografía le puede resultar útil por dos aspectos principales: el primero, para captar cualquier cosa que le inspire visualmente. Guarde estas fotos para poder consultarlas cuando las necesite. El segundo, para fotografiar su propia obra, ya sea para su archivo personal o para comercializarla, por ejemplo, a través de una página web.

Cuando se busca inspiración, resulta buena idea llevar la cámara siempre encima, lista para atrapar cualquier cosa que le llame la atención, por ejemplo, un primer plano de una flor, o del diseño en una baldosa. En los últimos años la fotografía ha cambiado notablemente y ahora hay más opciones que nunca. Las ventajas de una cámara digital son la capacidad de acercarse mucho al sujeto sin tener que cambiar el objetivo, y la posibilidad de realizar muchas fotos hasta que logre la imagen que desea. A través de sus fotos podrá descubrir siluetas atractivas, formas claras y oscuras, o tal vez una caligrafía destacable de un viejo anuncio. La inspiración llegará a partir de fuentes inesperadas. Así, los efectos de una superficie de ladrillo desgastado o las marcas de un neumático sobre el barro le pueden inspirar bonitas texturas sobre plata.

TEXTURAS ORGÁNICAS
Unas fotografías de detalle de hojarasca y de la textura de la madera sirvieron de inspiración para hacer este collar con una amapola de esmalte y hojas envueltas alrededor de la gargantilla.

EFECTOS DELICADOS
Una imagen tomada a través de los árboles inspiró este bonito collar. Los ópalos en forma de luna parecen capturar la delicadeza del cielo visto a través de la densidad boscosa.

VÉASE TAMBIÉN
Unidad 4: Plasmar ideas, p. 18
Unidad 13: Transferir diseños, p. 50

FOTOGRAFIAR LA PROPIA OBRA

Elegir las lentes: Para fotografiar joyería con una cámara manual es básico disponer de un zoom con enfoque automático, porque le permitirá hacer planos de detalle. Si utiliza un trípode, el enfoque se puede hacer manualmente.

Planifique los planos con cuidado: Vigile cuando tome fotos de piezas hechas con metal reflectante. Elija una superficie de fondo que complemente la pieza pero que no choque con ella. Si dispara desde arriba, bastará con una superficie plana, pero si prefiere disparar desde un ángulo deberá girar la superficie verticalmente detrás de la pieza.

Tome planos distintos: Acérquese al objeto y dispare desde ángulos diferentes.

Constrúyase un plató permanente: Habrá muchos momentos en los que querrá guardar imágenes de sus diseños, de modo que contemple hacer un plató permanente en el que tomar fotografías de las piezas de joyería a medida que las va terminando. Pruebe distintas formas de iluminación.

Pruebe la luz difusa: Difuminar la fuente de luz ayuda a minimizar las sombras. Para conseguirlo, haga un marco de madera tipo caja y tápelo completamente con papel de seda blanco. Haga un agujero arriba para el objetivo. Ponga la joya dentro de la caja. Coloque los focos a cada lado de la caja y encima. Asegúrese de que ningún foco está en contacto directo con el papel. Coloque la cámara encima de la caja, con el objetivo enfocando la joya a través del orificio.

Pruebe la luz natural: La luz natural proyecta sombras, pero éstas se pueden utilizar para causar bonitos efectos. Coloque la pieza sobre un fondo adecuado y tome la foto al aire libre, ya sea a pleno sol o en un día tapado pero luminoso. Tome la foto con sol de mediodía, a la sombra de un edificio. Eso debería ayudar a evitar fotos demasiado luminosas o zonas "quemadas".

Pruebe una caja de luz: Puede adquirir pequeñas cajas de luz especiales para fotografiar joyas. Compruebe que el tamaño que quiere se adapta a todas sus necesidades y asegúrese de haber visto los resultados antes de invertir dinero en una.

PLATÓ DE CÁMARA DIGITAL
La cámara se ha montado sobre un trípode. Se ha colocado un fondo de cartulina blanca doblada cuidadosamente hacia arriba para dar un fondo sólido, y la joya se ha colocado sobre un trozo de pizarra gris para dar contraste.

PROYECTOS DE PRÁCTICA

Utilice la fotografía para registrar sus proyectos acabados. *Véanse* pp. 126–139.

DISEÑOS A PARTIR DE FOTOS

Puede que desee plasmar la silueta de una imagen fotográfica en una hoja de metal para perforarla (*véase* p. 50). Obtenga una copia de la foto que quiere utilizar en el formato y tamaño deseados. Para las fotos digitales, utilice el software adecuado para manipular la imagen si es necesario. Identifique las zonas de la foto que quiere usar en su diseño –para un resultado óptimo, elija una zona con la silueta definida–. Utilice papel vegetal y un lápiz para trazar la silueta. Luego puede transferirla al metal listo para perforarse (*véase* p. 51).

Unidad 3: Valorar las ideas

Una vez haya encontrado la inspiración, necesitará encontrar el recurso adecuado para convertirla en una pieza de joyería. Valore todas las ideas que tiene hasta ahora: identifique cuál funcionará, cuál puede guardar para proyectos futuros y cuál no tiene ningún potencial.

DESARROLLAR IDEAS

Guardar una idea para más adelante: Trate de no quedarse atascado con una idea si le parece que no avanza. Siempre podrá recuperarla más tarde. Si es una idea que vale la pena, puede que se le ocurra cómo desarrollarla mientras trabaja en algo totalmente distinto.

Retroceda: No tema echarse atrás en el proceso de diseño. Por ejemplo, puede que esté cortando papel para hacer un dibujo y descubra que su idea no funciona por mucho que mueva los trozos de papel. En este caso, ¡vuelva a empezar! Haga cortes menos complicados y vea adónde le llevan.

Adáptese: Los objetos naturales, encontrados, pueden ser tan bonitos que resulte tentador pensar que se pueden copiar en metal. A veces es sencillamente imposible. Los objetos delicados, en metal pueden parecer pesados e indefinidos: trate de ser realista al imaginar el aspecto qué tendría su idea.

Dibuje con libertad: Haga sus primeros bocetos con toda la libertad y en el espacio que le apetezca. No es el momento de ser estricto. Sus ideas se pueden ir refinando a medida que empiece a acercarse al diseño real. No se preocupe por el tamaño o por la escala de un objeto cuando empiece a dibujarlo. Siempre está a tiempo de ampliar o reducir con una fotocopiadora o un escáner.

Con las fuentes de inspiración que ha recogido (*véanse* Unidades 1 y 2, pp. 10-15), debería empezar a tener puntos de partida para proyectos potenciales. En esta etapa, intente recoger piezas relacionadas con un tema concreto. Encuentre un lugar adecuado –como una mesa grande– en el que reunir sus objetos para desarrollar sus ideas sobre papel.

Busque una mezcla de objetos naturales, trozos de papel y cartulina, papel de dibujo, lápices, ceras y pinturas, impresiones digitales, fotos, libros, postales y bocetos. Puede que también tenga idea de si va a utilizar cuentas, piedras u otros materiales en la pieza acabada, de modo que téngalos también a mano. Sea todo lo atrevido que quiera para animar a las ideas a fluir libremente.

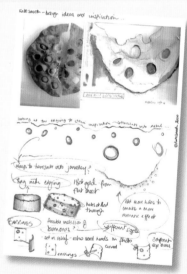

PROGRESIÓN DE IDEAS
Las ideas en bruto se dibujan, utilizando esta vaina en forma de bola como inspiración. Los agujeros en la vaina son en el centro del diseño, que luego se convierte en un anillo.

EL ANILLO ACABADO
El anillo de oro tiene una textura ligeramente rugosa, y la idea de los agujeros se ha utilizado para el magnífico efecto que provocan los diamantes esparcidos sobre el oro.

El boceto

Empiece a realizar bocetos de ideas en bruto y váyalos refinando gradualmente hasta que tenga una idea clara de la pieza final. Esto le ayudará a planificar la joya de manera tridimensional.

PIEZA ACABADA

El colgante de plata acabado refleja ideas y temas desplegados en los esbozos de desarrollo (abajo).

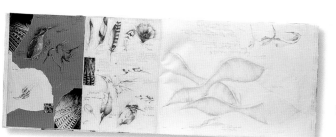

EXPERIMENTE CON LOS DIBUJOS

Empiece a dibujar; experimente con más de una idea. Empezará a ver qué forma podría empezar a tener la joya. Coloree el dibujo si lo ve apropiado para la pieza acabada.

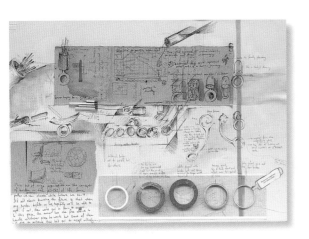

PIENSE EN TRES DIMENSIONES

Trate de pensar de manera tridimensional; adquiera la sensación de forma y volumen. Si le ayuda, hágase un modelo con cartón grueso.

ESBOZOS DE DESARROLLO

Una serie de dibujos sobre un tema empieza a evolucionar hacia ideas más acabadas para una joya basada en las complicadas formas tridimensionales de los pétalos y estambres florales.

Unidad 4: Plasmar las ideas

Cuando traslada las ideas iniciales a un diseño que funciona, ya están tomadas las decisiones más importantes sobre la joya. Hay muchos aspectos a tener en cuenta: materiales, dimensiones, colores, flexibilidad, portabilidad, peso, coste y confección. Puesto que usted está iniciándose, puede tener limitaciones sobre la manera de construir la pieza, pero a medida que vaya adquiriendo más conocimientos será capaz de descubrir muchas más opciones.

ARCHIVO DE IDEAS DE CONSTRUCCIÓN

 Plano y liso: La pieza se puede cortar de una plancha plana con una sierra de perforar; tendrá el mismo grosor por todos los lados. La sierra también se puede utilizar para cortar cualquier motivo decorativo.

 Curvo: Las planchas de metal se pueden templar (ablandar) y luego curvar o moldear con el uso de distintas hormas y bloques de metal o de madera.

 Tridimensional: Si la pieza tiene algunas partes que serán más gruesas que otras, se puede hacer mediante cualquier técnica de fundición o con una plancha más gruesa de metal e hilo.

 Superficie con dibujos: Una superficie con relieve se puede aplicar a la plancha de metal antes de cortarla o moldearla, con un laminador, martillos o punzones.

 Superficie decorada: Sobre la plancha de metal se pueden aplicar hilos o piezas más pequeñas de metal, antes de cortarla o después de darle forma.

 Fornituras: Son los accesorios que acostumbran a ser mecanismos de cierre de los pendientes, broches, cadenas, aros, botones, etc. Suelen ser las últimas piezas a añadir a cualquier otro tipo de construcción.

VÉASE TAMBIÉN
Unidad 12: Medir, p. 46
Unidad 20: Unir, p. 70
Unidad 27: Accesorios, p. 92

La consideración más importante es cómo se construirá la pieza. Esto significa que usted debe comprender qué aspecto y tacto quiere que tenga una vez acabada. Pregúntese: ¿Cómo colgará? ¿Cuánto pesará? ¿Dónde se colocarán los accesorios para corregir el equilibrio? ¿Cómo se abrochará? El diseño debe contemplar y resolver todos estos aspectos.

ORDEN DE CONSTRUCCIÓN

Además de los métodos de construcción, usted deberá pensar en el orden en que deben tener lugar. Por ejemplo, montar una piedra en una pieza de joyería es siempre lo último que hay que hacer aparte del pulido final. Todo lo demás tiene ya que estar en su lugar. El motivo es que hay muy pocas piedras que puedan soportar el calor de una soldadura o de una inmersión desoxidante (*véase* p. 60).

Lección 1: Dibujar a escala con precisión

Utilice un boceto (*véase* Unidad 3, p. 16) como punto de partida para hacer un dibujo detallado para mostrar el tamaño real de su pieza, dónde se montará una piedra, o detalles como la decoración de la superficie.

1 Perfeccione el boceto en bruto repasando la línea más definida. Intente hacer líneas claras y seguras. Traslade la silueta trazada a una hoja de papel de dibujo y añada un poco de color (con su material favorito) para mostrar el tipo de metal y cualquier piedra o decoración adicional.

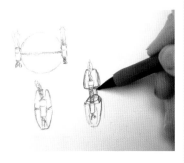

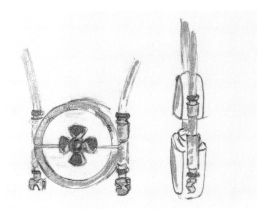

2 Haga dibujos detallados del aspecto que tendrá la pieza por detrás y lateralmente, además del frontal. Esto le ayudará a decidir sobre el método de construcción más adecuado para hacer la joya. Las imágenes deberían ser a tamaño real o dibujadas a escala.

Lección 2: Realizar el diseño de un anillo

El método de construcción viene a menudo dictado por el diseño. Puede tener varias partes, cada una construida de manera distinta. Planifique cuál se debe hacer antes y cómo va a montar las distintas partes.

1 El anillo puede estar hecho de partes separadas: en este caso consta de cuatro partes. Dibuje primero el aro redondo a escala.

2 La parte de arriba es un disco moldeado y con textura. Haga dibujos a escala del mismo desde arriba y de lado para mostrar su curvatura.

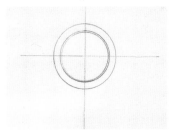

3 Al disco moldeado se le añadirán decoraciones de hilo. Dibújelo desde arriba para mostrar la colocación exacta del hilo.

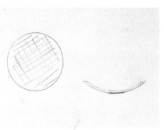

4 En el centro interior del disco se soldará un engaste. Dibújelo a escala. La serie de dibujos que mostramos aquí son muy específicos: adapte el método para que se acomode a cada pieza que usted diseña.

Unidad 5: Encargar metales

Los metales se pueden adquirir en formas y tamaños muy distintos. Pueden ser en planchas o láminas, tubos, varillas, matrices e hilo de todo tipo y perfil. Normalmente están disponibles en un minorista de orfebrería, que necesitará saber las dimensiones exactas del material que usted le encarga. La mayoría de minoristas aceptan encargos por envío, pero acudir al establecimiento le puede resultar útil para ver todas las opciones disponibles.

Las láminas o planchas de metal suelen estar disponibles en cualquier tamaño necesario, aunque a veces –normalmente con los metales más baratos– sólo podrá adquirir una plancha de un tamaño concreto. Antes de encargarla deberá usted saber el ancho, el largo y el grosor de la plancha que precisa.

Cuando adquiera metales, los pagará a peso, expresado en gramos o en onzas troy. El precio del metal es fluctuante; los metales preciosos en particular están sujetos a variaciones de precio según los mercados internacionales, lo cual suele tener un efecto dominó sobre el precio de los metales no preciosos.

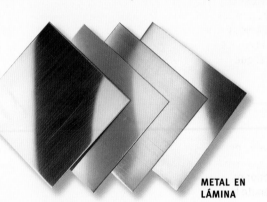

HILO

METAL EN LÁMINA

CARACTERÍSTICAS DEL METAL EN LÁMINA

Grosor de la lámina	Características
3 mm (calibre 8)	Más bien grueso para cortar y poco fácil de doblar.
2.5 mm (calibre 10)	Se puede cortar con una sierra de calar.
2 mm (calibre 12)	Útil para una pieza considerable. Córtese con sierra de calar.
1.75 mm (calibre 13)	Similar a 2 mm pero más fácil de cortar.
1.5 mm (calibre 14)	Adecuado para aros de anillo. Una sierra de oo lo cortará.
1.25 mm (calibre 16)	Adecuado para muchas piezas. Una sierra de oo lo cortará.
1 mm (calibre 18)	Muy útil para aros de anillo, para moldear y martillar.
0.75 mm calibre 20)	Útil para abovedar, engastes y pequeñas decoraciones.
0.5 mm (calibre 24)	Útil para cualquier trabajo diminuto. Ideal para engastes.

Lección 3: Calcular las dimensiones

Para calcular la cantidad de metal necesaria para una pieza, deberá dibujar primero a escala todos los componentes del diseño acabado (*véase* p. 19).

1   Dibuje un cuadrado o rectángulo alrededor del exterior de cada componente del diseño y mida los lados. Esto le dará las dimensiones de la lámina de metal que necesita.

2   Elija el grosor necesario del metal para cada componente (utilice la tabla anterior para orientarse). Ahora anote las dimensiones, expresadas de la siguiente forma:
30 x 30 x 1 mm

Si se utiliza el calibre del grosor, sería el 18. Compruebe las medidas de sus materiales con una herramienta de medir (*véase* Herramientas, p. 26).

DEJE ESPACIO PARA LOS EFECTOS
El grosor del metal utilizado en este anillo permitía hacer líneas decorativas surcadas con una sierra de calar. Luego se le ha dado un acabado muy pulido.

ENCARGAR PERFILES DE HILO

Hilo redondo: Pida el diámetro transversal y la longitud de hilo necesario.

Hilo cuadrado: Pida la longitud del lado de la sección transversal y la longitud de hilo necesario.

Hilo oval: Pida la altura y anchura de la sección transversal y la longitud que necesite.

Hilo semicircular: Mencione la altura y anchura de la sección transversal y la longitud de hilo necesarios.

Hilo rectangular: Pida la altura y longitud de la sección transversal y la longitud de hilo necesarios.

Cuando encargue hilo, pida: «300 mm de hilo cuadrado de 1 mm», por ejemplo.

VÉASE TAMBIÉN
Unidad 9: Metales preciosos, p. 34
Unidad 10: Metales no preciosos, p. 38

Unidad 6: Probar técnicas

Antes de embarcarse en un proyecto con un metal precioso, pruébelo primero con otro material para ver cómo funcionará. Lanzarse directamente al trabajo con metal podría resultar costoso y una pérdida de tiempo. Haga su "maqueta" exactamente como pensaba hacer la pieza real. Cualquier problema o técnica imprevista aparecerá durante la confección de la maqueta.

Lección 4: Hacer una maqueta

Las maquetas se pueden realizar utilizando materiales como el papel, el cartón grueso o el barro de modelar, y también con metales baratos como el cobre, la lámina de cobre, la plata niquelada o el estaño (véase cuadro, derecha). Trate de escoger materiales que se comportarán de manera similar al metal que tiene intención de usar. En este ejemplo se han usado tiras de papel y luego plancha de cobre para imitar las hojas de metal de una pieza acabada.

MAQUETAS DE ESTAÑO

El estaño es un metal muy blando que se trabaja con facilidad y, por tanto, apto para hacer maquetas. Pero debido a su punto de fusión tan bajo no debe utilizarse nunca cerca del lugar en el que se trabaja con metales preciosos. Si cualquier fragmento diminuto de estaño quedara sobre el metal precioso mientras se está templando, se fundiría y provocaría agujeros en el metal superior.

1 Corte unas cuantas tiras de papel de aproximadamente 30 cm de largo y 12-25 mm de ancho. Coloree o marque un lado de cada tira para distinguirlo del otro lado.

2 Trate de enrollar el papel y pegar o grapar los dos extremos para formar un brazalete de papel. Juegue con distintas ideas hasta que encuentre alguna que le guste de verdad.

3 Decida cuál de las maquetas de papel le gusta y luego corte una tira de plancha de cobre de las mismas dimensiones.

4 Verá como el metal se comporta de manera distinta al papel. Manipúlelo para conseguir el efecto deseado. Si es necesario, utilice una ma de madera o un martillo o metal. Recuerde que todo lo que suceda en la maqueta sucederá luego en la pieza real.

Lección 5: Realizar una plantilla

Las plantillas se utilizan para dar forma al metal de una manera concreta y repetitiva. Vale la pena hacerse una si la pieza requiere tres o más componentes de la misma forma y tamaño. Puede que también tenga que hacer una maqueta de la plantilla, porque tal vez la primera no le salga del todo bien.

1 Para realizar una cadena en forma de ocho necesitará muchos eslabones idénticos. Podría hacer cada eslabón individualmente con unos alicates (derecha), pero le resultará mucho más sencillo y rápido si utiliza una plantilla.

2 Dibuje la forma del eslabón que necesita sobre papel vegetal. Con cinta adhesiva fije el calco sobre una tabla de madera.

3 Busque tres clavos galvanizados que tengan aproximadamente el mismo grosor que los espacios dentro de los eslabones, y otros dos un poco más finos. Quíteles las cabezas con una sierra de arco y lije los extremos con papel de lijar de 220 para eliminar cualquier astilla afilada.

4 Clave los clavos más gruesos en el centro de las tres zonas interiores del eslabón sobre el calco. Clave luego los dos más finos a ambos lados del clavo central, dentro de la forma del eslabón.

5 Coja un trozo de hilo del metal que quiera utilizar para los eslabones y sujete un extremo con unos alicates. Empiece a enrollar el extremo libre del hilo alrededor de los clavos haciendo un ocho de doble cabo, como se indica. Puede que primero tenga que templar el hilo (*véase* p. 58); para que sea más flexible enrolle el hilo alrededor de la plantilla.

6 Repita el proceso de enrollado hasta que haya completado unos seis giros completos. Levante el hilo de la plantilla y corte por los lados con una sierra de calar, de modo que le queden seis eslabones individuales. Si considera que la curvatura y el tamaño son los correctos, significa que la plantilla es adecuada para repetir el proceso. Si necesita hacer algún ajuste, saque los clavos y sustitúyalos por otros de tamaños distintos hasta que encuentre el tamaño y la forma correctos del eslabón.

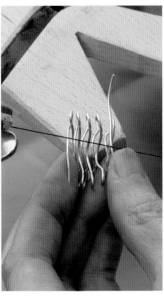

Unidad 7: El banco de trabajo

El banco de trabajo de un joyero es el corazón de su taller. Tradicionalmente varios joyeros se sentaban frente a un banco largo que tenía muescas semicirculares en la encimera para que cada uno tuviera su lugar de trabajo. Hoy día, la mayoría de joyeros trabajan solos. Un banco de trabajo puede estar hecho a medida o se puede adquirir en cualquier tienda de material para joyeros.

Montar su propio banco le dará la oportunidad de organizarlo todo exactamente como usted lo quiere. La prioridad debe ser la facilidad de acceso a las herramientas. Siéntese ante el banco e intente imaginarse dónde le será más práctico tener cada cosa.

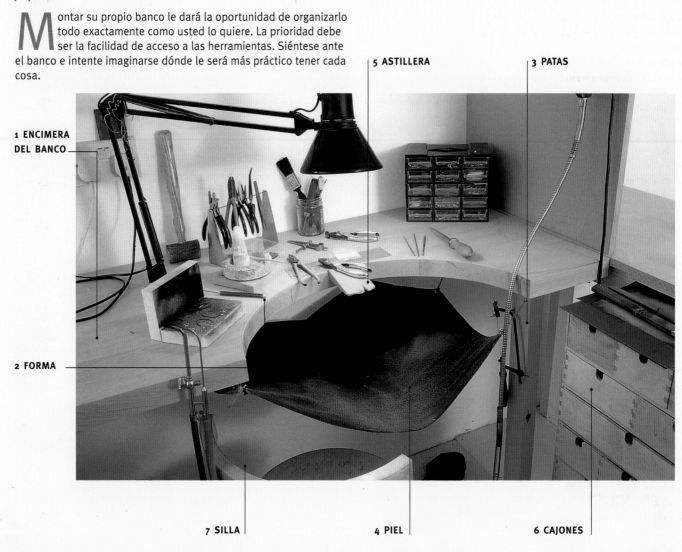

5 ASTILLERA

3 PATAS

1 ENCIMERA
DEL BANCO

2 FORMA

7 SILLA

4 PIEL

6 CAJONES

1 ENCIMERA DEL BANCO

La encimera del banco debe estar a unos 90 cm del suelo. Debe tener un grosor de unos 3 cm.

2 FORMA

La forma semicircular debe tener un diámetro aproximado de 45 cm.

3 PATAS

Las patas del banco han de ser sólidas, y todo el conjunto lo bastante robusto para que no tiemble ni flaquee cuando se está golpeando con el martillo.

4 PIEL

La piel de cuero (o a veces una bandeja extraíble) recoge los fragmentos cortados y los restos de metal. Si son metales semipreciosos o preciosos, se pueden recuperar.

5 ASTILLERA

La tablilla es como una tercera mano y se utiliza cuando se está perforando, bruñiendo, grabando, limando, aserrando y para la mayoría de actividades que se hacen en el banco. Tiene un lado plano y el otro inclinado. En general, la parte inclinada va arriba. Algunas tablillas llevan una muesca semicircular en la que se apoya una abrazadera cuando se está montando una piedra. Eso también le permitirá sujetar pequeños objetos, manteniéndolos fijos mientras trabaja con ellos.

6 CAJONES

Un mueble de cajones en el que guardar las herramientas resulta muy útil. Tenga un lugar para cada una de sus herramientas y guárdelas después de cada uso; así siempre las tendrá a mano y no tendrá que perder el tiempo buscándolas.

7 SILLA

El taburete o la silla han de permitirle apoyar los pies planos en el suelo si quiere, sentarse con la espalda recta y no encorvarse para ver el trabajo. Ha de ser capaz de ver el metal con claridad cuando lo ponga sobre la tablilla. Si levanta los codos para tenerlos a la altura de los hombros, deberán reposar justo encima de la mesa de trabajo. Una silla con ruedas le resultará muy útil. Levántese cada hora, más o menos, para estirarse un poco.

OTRO MATERIAL:

Cada banco debería llevar un tornillo, conocido como tornillo de banco, sujeto al mismo. Asegúrese de que hay unas cuantas mordazas protectoras para utilizar con el tornillo. Se las puede hacer usted mismo torciendo dos trozos de hoja de cobre de 1 mm (calibre 18) para adaptar a los extremos superior y los interiores de las mordazas.

Aunque todavía no disponga de uno, deje espacio para un motor colgante. Normalmente se coloca justo delante o ligeramente a un lado de la forma semicircular del banco.

VÉASE TAMBIÉN
Unidad 8: Herramientas básicas, p. 26

CONSEJOS PARA EL TALLER

Elija un suelo liso y sencillo: Resultará inevitable que le caigan cosas al suelo. Éste debe ser liso (no convienen los suelos de madera con rendijas abiertas) y de un color suave, de modo que cualquier trozo de metal o piedrecita resulte visible si se cae.

Lleve ropa adecuada: Lleve un delantal grueso. Puede que de vez en cuando le caiga algo caliente desde la zona de soldar, y un delantal de cuero le protegerá bien de las quemaduras. El delantal protege también contra las salpicaduras de ácido y de la suciedad de la pulidora.

Evite las estufas de gas: Si necesita calentar el taller, elija el calor eléctrico, con placas solares o de radiador. Evite utilizar una estufa de gas, que creará condensación y humedecerá sus herramientas, lo cual acabaría por oxidarlas. Las estufas de gas también provocan dolor de cabeza.

Cuide las herramientas: Como mejor cuide las herramientas, más tiempo le durarán. No deje que sus herramientas metálicas se mojen; tenga siempre a mano papel absorbente y seque cualquier herramienta que crea que está húmeda antes de utilizarla. Trate de no dejar marcas en los yunques y mandriles usando el martillo por el ángulo equivocado, porque dejarían siempre una señal sobre cualquier metal nuevo que se trabaje sobre ellos. Lubrique periódicamente cualquier máquina motorizada.

Recicle los materiales: Vacíe periódicamente el contenido de la piel en un contenedor grande de plástico. Guárdelo hasta que esté lleno. Lleve estos deshechos metálicos a su metalista, que le bonificará el valor de la chatarra. Mantenga los distintos metales separados o su valor será menor.

Tenga en cuenta la iluminación: Idealmente, el banco de trabajo debería tener luz natural del norte. La fuerte luz del sol iluminando directamente el banco dificultaría ver con claridad. En cuanto a la luz artificial, colóquela de modo que ilumine directamente la astillera.

VÉASE TAMBIÉN
Unidad 7: El banco de trabajo, p. 24

Unidad 8: Herramientas básicas

Uno de los placeres de hacer joyas es reunir las herramientas necesarias. Adquirirlo todo puede ser cosa de años; las herramientas de buena calidad son caras. Hay herramientas de segunda mano que resultan muy útiles, pero con otras no vale la pena el ahorro porque están excesivamente deformadas o desalineadas. Evite comprar herramientas nuevas muy baratas: muchas veces es dinero mal invertido porque es probable que le duren muy poco.

En esta unidad las herramientas se han clasificado según su uso. Las que están marcadas con tres asteriscos (***) son imprescindibles. Las que llevan dos (**) son convenientes pero no imprescindibles. Los artilugios marcados con un asterisco (*) son casi todos equipo más grande, al cual puede que tenga acceso a través de una academia o un taller. Puede que quiera valorar la posibilidad de adquirirlos en una etapa más avanzada.

Herramientas de medir

Que una joya salga bien depende a menudo de haber tomado las medidas con exactitud a través de todo el proceso.

BALANZA*

Elija una pequeña balanza digital o la típica balanza antigua, con platitos y pesas. Utilícelas para pesar metal o para averiguar el peso en quilates de las piedras.

REGLA DE ACERO INOXIDABLE***

Una regla de acero viene a menudo con la numeración métrica e imperial y es una herramienta imprescindible.

COMPÁS DE PUNTAS FIJAS***

Un compás de puntas fijas se utiliza para muchos tipos de mediciones. Se pueden usar para tomar la misma medida varias veces –por ejemplo cuando se marca hilo para cortar piezas de la misma longitud–, para medir diámetros y longitudes con precisión, para dibujar líneas paralelas sobre metal y muchas otras aplicaciones de dibujo.

CALIBRES DE ANILLOS***

Se trata de un juego de aros marcados de la A-Z o numerados, que se utilizan para medir los dedos cuando se va a hacer un anillo de una talla concreta (*véase* p. 47).

PIE DE REY**

Un pie de rey es un pequeño instrumento de muelles que mide cualquier cosa de menos de 100 mm. Las mordazas de arriba se abren hasta el ancho de la pieza a medir y la lectura se toma desde la base.

LASTRA DE ANILLOS**

Un mandril de anillos es un mandril afilado, normalmente de aluminio, utilizado para medir los calibres de anillos, con intervalos marcados de la A-Z que se corresponden con los calibres. No se debe utilizar como horma.

Herramientas de cortar y aserrar

La manera habitual de cortar una hoja de plata es con una sierra. La guillotina se puede utilizar con metales más gruesos, y los alicates se pueden usar para cortar soldaduras finas. Los bordes cortados pueden tener que limarse hasta que queden suaves o aplanados.

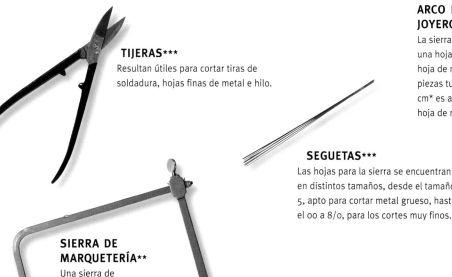

ARCO DE JOYERO***

La sierra de calar se utiliza con una hoja de serrar que sirve para cortar hoja de metal, también para el hilo y las piezas tubulares. Una sierra de calar de 15 cm* es adecuada para cortar piezas de hoja de metal más anchas.

TIJERAS***

Resultan útiles para cortar tiras de soldadura, hojas finas de metal e hilo.

SEGUETAS***

Las hojas para la sierra se encuentran en distintos tamaños, desde el tamaño 5, apto para cortar metal grueso, hasta el 00 a 8/0, para los cortes muy finos.

SIERRA DE MARQUETERÍA**

Una sierra de marquetería es más grande que la sierra de calar y se utiliza para cortar plásticos y madera.

GUILLOTINA*

Una guillotina es un instrumento pesado. Resulta útil si se van a cortar a tiras piezas grandes de metal, pero de lo contrario no es necesaria.

TENAZAS***

La acción cortante de las tenazas es por arriba. Se utilizan para cortar trozos muy pequeños de plata, cobre, oro, platino e hilo. No se deben utilizar nunca para cortar acero inoxidable.

ALICATES DE CORTE**

La acción cortante de los alicates de corte es lateral. No resulta tan útil como la de las tenazas, pero se pueden usar de forma similar.

CORTADOR DE TUBOS**

Un cortador de tubos es un instrumento manual pequeño que se utiliza para sujetar tubos, con un dispositivo de ajuste que permite cortar piezas de la misma longitud.

Herramientas de curvar

Los alicates vienen en una amplia gama de formas para los distintos tipos de aplicaciones, desde hacer curvaturas suaves hasta formar aros.

ALICATES REDONDOS**

Los alicates redondos se utilizan para hacer círculos individuales o aros. El hilo se sujeta entre las dos puntas y se va envolviendo completamente, después se corta para hacer el círculo.

ALICATES PARALELOS***

Los alicates paralelos se usan para enderezar hojas de metal e hilo grueso, para sujetar piezas de metal plano, para limar y para cerrar anillos gruesos. Los hay en versión plana y redondeada. Hay una tercera versión con una cubierta plástica interior por encima de la tenaza, para proteger la hoja o el hilo.

ALICATES CORTA NARICES**

Los alicates corta narices tienen la cara interior plana y se van afilando hasta acabar en punta roma. Se utilizan para cerrar anillos complicados o pequeños aros y sujetar otros pequeños objetos.

ALICATES PLANOS***

Los alicates planos están disponibles en muchos tamaños y se utilizan para torcer cantos afilados de hilo y de hoja de metal, para sujetar los objetos planos o enderezar hilo y cerrar aros.

ALICATES SEMICIRCULARES Y REDONDOS/PLANOS***

Los alicates semicirculares y redondos/planos se utilizan para retorcer el hilo y las hojas de metal hasta formar un círculo sin dejar marcas. La parte plana se sujeta por el exterior de la curva, y la parte redondeada se utiliza para hacer la curva por el interior.

Instrumentos para sujetar

Utilice tornillos de banco y tornillos de mano para sujetar las piezas con firmeza mientras trabaja en ellas.

TORNILLO DE BANCO***

Hay dos tipos de tornillo de banco. Uno es bastante pequeño, puede girar en todas las direcciones y tiene "mordazas" protectoras o de plástico. El otro es un tornillo de más envergadura, que se utiliza para sujetar hormas, mandriles y calibres. Ambos deben fijarse de manera permanente al banco.

TORNILLOS DE MANO**

Los tornillos de madera manuales se utilizan para sujetar los anillos sin dañarlos y sin lastimar el aro, y para engastar piedras.

Limas

Necesitará un surtido de limas de diferentes tamaños para suavizar los bordes cortados y dar forma a las curvas.

LIMAS Y LIMAS DE AGUJA***

Las limas varían en calidad, de modo que adquiera las mejores que se pueda permitir.

Limas planas: para superficies planas, para limar entre extremos que se van a soldar, bordes y parte exterior de las curvas.

Lima semicircular: para el interior de las curvas y los bordes.

Lima triangular: para limar alrededor de los bordes superiores de los engastes, los rincones de los ángulos rectos y otros rincones de difícil acceso.

Lima cuadrada: para hacer auténticos ángulos rectos y limar en sus partes interiores.

Cuchillo: con una cara más gruesa y la otra más delgada, se utiliza para llegar entre las partes más pequeñas.

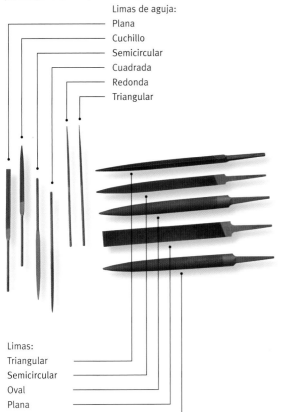

Limas de aguja:
Plana
Cuchillo
Semicircular
Cuadrada
Redonda
Triangular

Limas:
Triangular
Semicircular
Oval
Plana
Oval

Instrumentos de limpieza

El metal debe limpiarse después de soldar y cuando la pieza está acabada. Puede que también se tenga que limpiar una vez la joya haya sido llevada varias veces. Utilice los productos abrasivos solamente antes de acabar la pieza, porque rayan y apagan el acabado de una superficie pulida.

LIMPIADOR ULTRASÓNICO*

Un limpiador ultrasónico es un recipiente de plástico o de acero con un cesto colgado en su interior. Se utiliza con objetos que ya han sido pulidos y que conservan restos negros del pulidor. El recipiente se llena con agua, jabón líquido y amoníaco casero. Los objetos se colocan en el cesto, y los rayos ultrasónicos pasan a través del líquido, lo cual elimina la capa grasienta. El líquido es más eficaz si está caliente.

POLVO DE PIEDRA PÓMEZ**

El polvo de piedra pómez es un polvo fino de color gris. Se mezcla con agua para hacer una pasta, con la que luego se frota el metal para limpiarlo después de ser templado o soldado. Aplíquelo con un estropajo verde húmedo y limpiará el metal rápidamente. Luego enjuáguelo bien.

JABÓN LÍQUIDO***

El jabón líquido se puede echar directamente a la palma de la mano con un poco de agua del grifo para ayudar a limpiar un artículo que está impregnado de grasa de pulir.

GAMUZA PARA LA PLATA***

Una gamuza para la plata es el típico trapo para el polvo impregnado con limpiador de metal. Se puede sujetar al tornillo del banco y estirar bien mientras frotamos la pieza contra él.

Herramientas de moldeado

Las herramientas de moldeado están hechas de acero o madera y se utilizan para dar forma alrededor del metal. El metal se sujeta por encima de la horma y se golpea con un martillo o mazo para que adopte gradualmente la forma de la ésta.

YUNQUES*

Los yunques son hormas de metal. Los utilizan básicamente los orfebres para levantar y forjar una hoja de metal, cuando hacen recipientes y piezas grandes.

DADO DE CANALES*

Es un bloque de metal con formas semicirculares moldeadas a lo largo de sus laterales. Los mangos de los punteros para abombar se utilizan para dar forma al metal.

LASTRA PARA ANILLOS**

Un mandril es una horma cónica de acero o madera que se utiliza para dar forma al metal. Los mandriles pueden ser de sección redonda, ovalada, cuadrada, en forma de lágrima o hexagonal. El que aquí se muestra es un mandril redondo para hacer anillos.

DADO DE EMBUTIR**

Un bloque de embutir es un cubo de metal o de latón con semiesferas de distintos tamaños modeladas a cada lado. Se usa para abombar discos metálicos.

ABOCARDADORES Y BLOQUES CÓNICOS*

Son similares a los bloques y punteros para embutir pero se utilizan para dar forma cónica, para montar piedras. Pueden ser redondos, ovales, rectangulares, cuadrados, hexagonales y de otras formas.

JUEGO DE EMBUTIDORES**

Los punteros para embutir están hechos para adaptarse a cada tamaño distinto de semiesfera del bloque. Pueden ser de madera o de acero y se colocan encima del disco de metal; se golpea con un martillo o mazo para dar la forma abombada.

Mazas y martillos

Hay martillos de distintos tamaños y materiales. A menos que haga muchas cosas de orfebrería, empiece por una pequeña selección.

MARTILLO DE JOYERO***

Un martillo ligero de joyero puede usarse para todos los trabajos delicados. Tiene un extremo plano, que se puede usar para remachar, y otro con forma de cuña, que se puede usar para dar textura al metal.

MARTILLO DE BOLA***

El martillo de bola tiene la cabeza de metal con una punta plana y la otra redondeada. La redondeada se utiliza para dar forma y textura al metal, y para martillar en zonas pequeñas. La plana se usa para estirar metal sobre una horma o mandril, y para golpear en los abocardadores y las herramientas de repujado.

MARTILLO GRANDE Y PESADO★★★

Un martillo grande y pesado está indicado para el trabajo más tosco. Puede eliminar bultos de plata fundida, dar una textura gruesa al metal y utilizarse para remodelar.

MAZA★★★

Una maza de madera o de plástico se utiliza para martillear el metal sin dejar señales. Se suele emplear para dar forma al metal sin estirarlo.

Herramientas de agujerear

En el metal se pueden hacer agujeros con una taladradora eléctrica o a mano. Si el metal tiene menos de 1 mm de grosor (calibre 18) es más fácil perforar a mano. Antes de hacer un agujero, marque su colocación con un punzón afilado para que el taladro no "resbale".

PUNZÓN★★

Un punzón es un pequeño instrumento metálico parecido, en forma y tamaño, a un lápiz. Por una punta es puntiagudo y por la otra plano y romo. La punta se utiliza para marcar en el metal el lugar en el que se va a perforar. La punta roma se utiliza para golpear con el martillo.

TALADRO DE MANO O DE ARQUÍMEDES★★★

Un taladro de Arquímedes es una perforadora manual de presión que permite sostener la pieza en una mano mientras se acciona el taladro arriba y abajo con la otra.

TALADRO MANUAL★★

Es un pequeño taladro que cabe en la palma de la mano. Los taladros manuales pueden adaptarse a brocas de distinto grosor para hacer distintos tamaños de agujero, desde 0,5 mm (calibre 76) hasta unos 3 mm (calibre 32).

MOTOR COLGANTE O DE MESA★★

Es un motor que se cuelga encima del banco de trabajo y tiene un brazo flexible. Se pueden adaptar pequeñas brocas, cortadores abrasivos, piedras de lijar, cepillos de pulir, cepillos de fieltro, gomas abrasivas y fresas, para acoplarse a distintos mandriles, lo cual constituye una adición muy útil a su colección de herramientas.

Instrumentos de soldar

Habrá muchas piezas que necesitarán ser soldadas (*véase* p. 72). Soldar implica tener una llama y piezas muy calientes de metal. Si es posible, la zona de soldar tiene que estar separada del banco de trabajo. Si tiene el bloque de soldar en el banco, asegúrese de que no hay absolutamente nada que quede ante la llama.

BASE PARA SOLDAR***

La base de su zona de soldar ha de ser una bandeja de metal de algún tipo. Podría ser una pieza de acero inoxidable hecha a medida o una vieja bandeja de horno. En la base metálica, coloque una base rotatoria de soldar. Esto le permitirá girar lentamente la pieza a medida que la va soldando, facilitando así la visión de la junta a medida que fluye la soldadura, y comprobar que se ha repartido bien.

SOPLETE***

El soplete se utiliza para calentar el metal hasta la temperatura de templado, para todas las soldaduras y para fundir metal con el fin de moldearlo. Existen distintos tipos de soplete.

CUENCO PARA ENFRIAR***

Coloque un cuenco de cristal duro con agua cerca de la zona de soldar. Utilice unas pinzas protegidas para sumergir la pieza en el agua una vez soldada o templada (*véase* p. 60).

PINZAS AISLANTES***

Las pinzas aislantes tienen una anilla de ajuste y material aislante en las asas para proteger del calor. Para abrirlas hay que apretar antes. Tienen los extremos curvos o rectos, lo cual las hace útiles para mantener las piezas juntas cuando se sueldan. No se deben meter nunca en ácidos.

LADRILLO REFRACTARIO***

Ponga un ladrillo refractario o un bloque de carbón encima de la base de soldar. El ladrillo refractario no se deteriora tan rápidamente como el bloque de carbón, pero este último ofrece mayor calor refractario. Use el carbón con moderación para minimizar el impacto negativo sobre el medio ambiente.

PELUCA PARA SOLDAR***

Un estropajo de soldar tiene aspecto de nido de pájaros hecho de alambre. Coloque las piezas para soldar sobre el estropajo, que le ayudará a distribuir el calor homogéneamente a su alrededor. Los hilos se pueden mover para hacer soportes de distintas formas.

CONO DE BÓRAX Y PLATO***

El cono de bórax se sumerge en agua y se frota por el plato hasta que haga una pasta blancuzca. Este fundente se coloca dentro y alrededor de una junta antes de soldarla. El bórax es sólo una de las varias pastas disponibles.

VARA DE SOLDAR DE TITANIO**

Una vara de soldar se utiliza para ayudar a que la soldadura fluya por la junta, arrastrándola por ella mientras va fluyendo. También se puede utilizar para colocar los pedacitos de soldadura a lo largo de la junta.

ALAMBRE O CAMARAÑA DE ATAR***

El hilo de acero se compra en carretes y está disponible en fino, medio y grueso. Se utiliza para mantener unidas las piezas que se van a soldar y para medir la longitud de anillos y brazaletes. Debe retirarse siempre antes de colocar la pieza en el líquido de encurtir.

Herramientas de pulir

Se puede pulir a mano o con un motor eléctrico. El pulido a mano sólo requiere un surtido de papeles húmedos y secos, un trapo fino de acabado y una mopa impregnada para plata. Una máquina eléctrica requiere varios tipos de mopas cargadas con distintos pulidores.

MÁQUINA DE PULIR*

Una máquina eléctrica de pulir tiene un eje horizontal en el que se insertan las distintas mopas y se aplica la pasta de pulir o el líquido limpiador. Debe tener algún sistema de extracción porque el pulido puede ser muy sucio y crear mucho polvo.

PASTAS DE PULIR*

Tripoli: barra marrón que se utiliza como pulidor inicial.

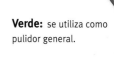

Verde: se utiliza como pulidor general.

MOPA DE PERCAL*

La mopa de percal redonda puede tener distintos grosores. Se encaja en el eje de la máquina de pulir y se unta con pasta adecuada.

Hyfin: barra blanca, para un pulido más fino.

Rouge: para el pulido final.

MOPA DE ACERO INOXIDABLE*

Una mopa de acero inoxidable tiene multitud de agujas de acero afiladas que dan a las superficies metálicas un aspecto satinado. Con esta rueda no se necesita pasta.

MOPA DE LANA*

Una mopa de lana es muy suave y se utiliza con la última capa de pasta "rouge".

PAPELES HÚMEDOS Y SECOS***

Existen en distintos grados de abrasión, desde los muy gruesos hasta los muy finos.

BRUÑIDOR***

Un bruñidor es una herramienta de acero inoxidable que se frota con fuerza sobre los cantos de metal para dar un acabado brillante.

Unidad 9: Metales preciosos

El platino, el oro y la plata son metales preciosos. En su estado puro, ni se oxidan ni sufren la corrosión por ácidos. Si ha visto alguna vez una moneda de oro antigua recién excavada del suelo, se habrá dado cuenta de cómo la tierra se desprende fácilmente para dejar expuesto el oro en el mismo estado en que fue acuñado hace tantos siglos.

ACABADO SUTIL
Este colgante presenta plata y oro de 18 quilates con el mismo acabado mate pulido con papeles húmedo y seco, seguido de polvo de piedra pómez.

Para la confección de joyas se emplean principalmente los metales preciosos. Tienen propiedades que los hacen ideales para doblarlos, moldearlos y pulirlos, y para dar la base adecuada y realzar cualquier piedra o esmalte que se monte en ellos.

Por desgracia, el oro y la plata en estado puro son demasiado blandos para resultar prácticos en la mayoría de aplicaciones de joyería, de modo que se combinan con otros metales para hacer aleaciones, con el fin de que resulten adecuados para los distintos usos, en una amplia gama de tonos y costes. Estas aleaciones se siguen conociendo como metales preciosos, pero su calidad está estrictamente controlada y garantizada por un sello de contraste.

Para empezar, y para hacer maquetas, se pueden utilizar metales como el cobre, el níquel o la plata. El acero inoxidable, que es muy duro, se utiliza para estampar los metales preciosos y obtener un acabado con textura, pero no resulta práctico para hacer joyas. A medida que vaya adquiriendo seguridad con la manipulación de los metales, puede que quiera trabajar con plata antes de atreverse con oro de distintos quilates o con platino.

COLORES METÁLICOS
Este broche contiene oro amarillo de 18 quilates con incrustaciones de platino.

Propiedades de los metales preciosos

Cada metal y aleación tiene una temperatura de fundido y una gravedad (densidad) específicas. Son propiedades que conviene tener presentes cuando se trabaja con metales.

PLATINO (Pt)
El platino es un metal blanco y denso que se utiliza a menudo para engastar diamantes. Es el más caro de los metales nobles. Debido a la popularidad de los metales blancos en los últimos años, el platino se ha extendido mucho. Es resistente y relativamente fácil de utilizar, pero hay que soldarlo a temperaturas muy altas.

Por su gran pureza el platino no se oxida al calentarlo, de modo que las juntas soldadas no fluyen y, por tanto, no precisa desoxidación. Se le puede dar un acabado muy pulido antes de soldar, ya que no resultará afectado por el calor. Si el platino se calienta incorrectamente (con una llama reducida) puede volverse granulado y quebradizo.

	Temperatura de fusión	Densidad específica
Platino	1769°C (3217°F)	21.45

	Oro: ratio aleación	Temperatura	Densidad específica
24 quilates	24:0	1063°C (1945°F)	19.32
22 quilates	22:2	940°C (1724°F)	17.2
18 quilates	18:6	904°C (1660°F)	16.15
14 quilates	14:10	802°C (1476°F)	13.4
10 quilates	10:14	786°C (1447°F)	11.6
9 quilates	9:15	880–900°C (1616–1652°F)	11.2

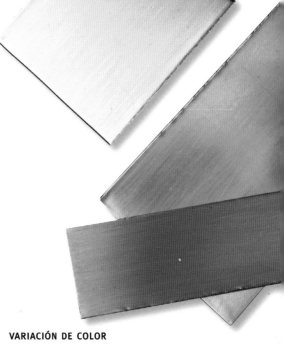

VARIACIÓN DE COLOR
Estos metales en lámina muestran las diferencias cromáticas que existen entre los distintos tipos.

ORO (Au)

El oro se describe en quilates. La palabra quilate se utiliza también para describir el peso de una piedra, pero cuando se hace referencia al oro, describe la proporción de oro en las 24 partes de la aleación.

La plata, el paladio, el cobre y a veces el zinc se añaden en diferentes proporciones para hacer oro de distintos tonos. Cuantos menos quilates tenga, mayor será la cantidad de colores que puedan crearse porque contiene más partes que no son oro. La temperatura de fusión varía según las distintas aleaciones; por ejemplo, el oro blanco de 18 quilates tiene un punto de fusión más alto que el oro amarillo de 18 quilates. El oro blanco contiene paladio, que tiene un punto de fusión más alto que la plata y el cobre del oro amarillo.

Como todos los metales preciosos, el oro debe templarse antes de empezar a trabajar (*véase* p. 37). Los oros más puros se mantienen blandos más tiempo que los menores de 14 quilates, por su mayor contenido en oro. El metal sólo se endurece cuando se trabaja, de modo que si el oro templado se deja de lado unos cuantos días, cuando vuelva a trabajarlo no se habrá endurecido.

VÉASE TAMBIÉN
Unidad 10: Metales no preciosos, p. 38
Unidad 15: Templar, p. 58
Unidad 21: Soldar, p. 72

PLATA (Ag)

La plata pura de 999,9 es un metal blanco y brillante que resulta demasiado blando para la mayoría de aplicaciones en joyería, con la excepción del esmaltado, el granulado y la confección de algunas cadenas. Es por esto que a la plata pura –fina– se le añade una pequeña cantidad de cobre para obtener un metal más duro, conocido como plata estándar o esterlina. Ésta contiene 925 partes de cada mil de plata, y las 75 restantes de cobre.

Hay otras aleaciones de plata que tienen un contenido menor del metal, pero éstas no logran el mínimo legal de 925. La plata de ley no se oxida. Debido al contenido en cobre de la 925, se oxida al calentarla y al exponerla al aire. La plata es un metal maleable, pero se endurece después de trabajarla un rato. Se templa para mantenerla blanda y flexible.

	Temperatura de fusión	Densidad específica
Plata 999,9	960.5°C (1760.9°F)	10.5
Plata 925	893°C (1640°F)	10.4

Propiedades de las soldaduras de oro y plata

Las distintas soldaduras vienen con propiedades y temperaturas de fluidez muy distintas. Utilice siempre soldaduras adecuadas para el tipo de metal y la tarea que va a realizar.

SOLDADURAS DE PLATA

Tipo	Uso	Temperatura de fluidez
IT/esmaltado	Utilícelas sólo si se va a esmaltar la pieza.	809°C (1488.2°F)
Difícil	Siempre utilícelas primero.	787°C (1448.6°F)
Medio	Úselas en etapa intermedia. Pueden ser pegajosas.	737°C (1358.6°F)
Fácil	Excelente para soldaduras finales.	718°C (1324.4°F)
Muy fácil	Úselas como última alternativa. Sobre plata se oscurecen rápidamente.	616°C (1140.8°F)

SOLDADURAS DE ORO

Tipo	Uso	Temperatura de fluidez
22 quilates	Úselas sólo con oro de 22 quilates.	Hay sólo una soldadura para el oro de 22 quilates. Funde entre 865–900°C (1589–1652°F)
18 quilates	Úselas sólo con oro de 18 quilates.	Difícil: 790–830°C (1455–1525°F) Medio: 730–765°C (1350–1410°F) Fácil: 700–715°C (1290–1320°F)
9 quilates	Úselas sólo con oro de 9 quilates.	Difícil: 755–795°C (1390–1465°F) Medio: 735–755°C (1355–1390°F) Fácil: 650–735°C (1200–1330°F)

SOLDADURAS DE ORO

Las soldaduras de oro están disponibles en amarillo, blanco o rojo. Se venden en rectángulos de aproximadamente 20 x 15 mm. En vez de ir etiquetadas duras, medias o blandas, las soldaduras de oro blanco se marcan numéricamente. Se ofrecen en quilates y deben utilizarse con el equivalente en quilates de oro.

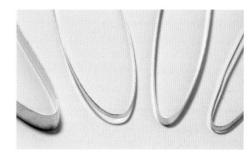

SOLDADURAS DE PLATA

Las soldaduras de plata se venden en tiras largas de distintos grosores y anchuras o en rectángulos.

VÉASE TAMBIÉN
Unidad 19: Cortar, p. 68
Unidad 21: Soldar, p. 72

Lección 6: Templar oro

Las aleaciones de oro se templan de manera distinta a otros metales (para saber más sobre cómo templar plata, *véase* Unidad 15, p. 59). Algunos se sumergen y se desoxidan directamente después de templarlos, otros se dejan enfriar al aire antes de desoxidarlos, y otros se dejan enfriar al "calor negro", a unos 560° C (1.040° F) antes de desoxidar. Normalmente, su proveedor le indicará cómo templar su oro, pero si no está seguro, siga el método siguiente:

1 Corte una tira de oro blanco, amarillo o rojo de 9 o 18 quilates (o ambos). Colóquela sobre su ladrillo de soldar y caliéntelo con una llama suave, no oxidante (reductora).

4 Vuelva a templar la pieza y esta vez déjela encima del ladrillo de soldar hasta que se haya enfriado del todo. Luego desoxídela para limpiarla y trate de doblarla de nuevo. Si sigue estando dura, vaya al paso 5.

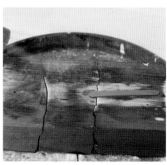

2 Coloque el oro en el agua para enfriarlo y luego desoxídelo con el ácido.

5 Vuelva a templar el oro y déjelo aproximadamente medio minuto antes de enfriarlo y desoxidarlo.

3 Pruebe el oro empezando a doblarlo con un par de tenazas, para ver si está blando. Si se dobla con facilidad, ha sido templado correctamente. Si le cuesta doblarlo, vaya al paso 4.

6 Trate de doblarlo otra vez con las tenazas. Anótese el procedimiento de templado de esta pieza.

Unidad 10: Metales no preciosos

Los metales no preciosos, como el aluminio, el plomo, el zinc, el titanio y el niobio, pueden utilizarse para hacer joyas, a menudo por los colores que se consiguen mediante su ionización o calentándolos. Los metales no preciosos deben guardarse bien separados de los preciosos para evitar la contaminación cuando se aplica calor.

Propiedades de los metales no preciosos

Como sucede con los metales preciosos, cada metal y aleación tiene sus propias características específicas. Le resultará útil conocerlas cuando esté trabajando con metales.

PLOMO (Pb)
El plomo es un metal gris, blando y puro. Se utiliza a menudo como base –cuando se está trabajando con otros metales– o como modelo.

	Temperatura de fusión	Densidad específica
Plomo	327°C (621°F)	11.4

ZINC (Zn)
El zinc es un metal blanco puro, a menudo añadido a otros metales para hacer una aleación. Se utiliza en las soldaduras de plata porque tiene un punto de fusión muy bajo.

	Temperatura de fusión	Densidad específica
Zinc	419°C (787°F)	7.1

ALUMINIO (Al)
El aluminio es un metal gris, ligeramente granulado, que se puede manipular en el tornillo con facilidad, pero que es difícil de forjar y no se puede soldar. Su principal uso en joyería es cuando está ionizado para que adquiera colores distintos.

	Temperatura de fusión	Densidad específica
Aluminio	122°C (660°F)	2.7

TITANIO (Ti)
El titanio es un metal blanco puro, duro (pero ligero), con un punto de fusión muy alto, lo cual lo hace poco práctico para soldar. Puede ser ionizado y utilizado para hacer piezas grandes pero muy ligeras de joyería.

	Temperatura de fusión	Densidad específica
Titanio	1800°C (3272°F)	4.5

COBRE (Cu)
El cobre es un metal puro, marrón y blando que se endurece rápidamente al trabajarlo. Se alea con la plata y el oro para hacerlos más maleables o para modificarles el color. Cuando se alea cobre, al principio se vuelve negro y luego rosado. Cuando aparezca ese tono rosado, enfríe el metal.

	Temperatura de fusión	Densidad específica
Cobre	1083°C (1981°F)	8.9

Lección 7: Endurecer el metal

Cuando se golpea con un martillo y se forja, la estructura molecular de un metal se comprime; entonces se endurece y necesitará templarse antes de volver a trabajarlo.

VÉASE TAMBIÉN
Unidad 15: Templar, p. 58
Unidad 21: Soldar, p. 72
Unidad 24: Pulir y acabar, p. 84

1 Coja un trozo de plancha de cobre de aproximadamente 80 x 20 x 1 mm. Colóquelo en el ladrillo de soldar y caliéntelo con la llama hasta que quede totalmente negro.

2 Coja el cobre con un par de pinzas protegidas.

3 Sumerja el cobre en un cuenco de agua fría. Observe como lo "negro" parece desprenderse a copos. La capa negra es óxido de cobre.

4 Saque el cobre del agua con unas pinzas de acero inoxidable y sumérjalo en una solución ácida caliente (*véase* p. 60). Déjelo unos pocos minutos y luego sáquelo con las pinzas de acero y lávelo con agua fría. Debería haber perdido toda la capa negra (*véase* en la p. 84 más información sobre esta capa).

5 Intente doblar la plancha de cobre con los dedos y el pulgar. Debería estar muy maleable. Vuelva a ponerla recta y colóquela sobre una superficie sólida, ya sea de acero o de madera, y martillee el metal por toda su superficie con el lado redondo de un martillo de bola.

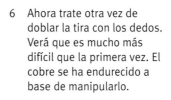

6 Ahora trate otra vez de doblar la tira con los dedos. Verá que es mucho más difícil que la primera vez. El cobre se ha endurecido a base de manipularlo.

USAR COBRE

El cobre es un metal marrón rojizo que se vende en forma de láminas y de hilo. Cuando se templa queda muy blando y es un metal ideal para hacer maquetas. Se suelda con soldadura de plata.

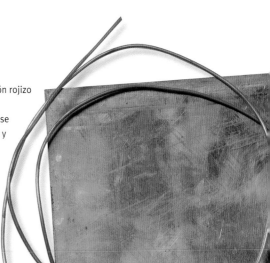

Unidad 11: Las piedras

En algún momento querrá incorporar piedras a su trabajo. Las piedras aportan color, profundidad y un punto de atención a una pieza de joyería. Hay muchas maneras de montar piedras sobre el metal, y algunas de las técnicas básicas para realizarlo figuran en la Unidad 32, p. 108. La intención de cualquier técnica de engastado es realzar la piedra al máximo. Puede ser una montura muy sencilla o una más detallada de garras, pero en cualquier caso el engastado se hace siempre a medida de cada piedra.

Las piedras se encuentran en una amplia gama de colores y tamaños, y pueden ir de un precio relativamente asequible hasta las que resultan inalcanzables. El aspecto de cualquier piedra depende de cómo se ha tallado para que refleje la luz. En estas páginas puede ver una selección de gemas preciosas y semipreciosas en una serie de tallados distintos.

FORMAS DE LAS GEMAS

Cabujón: Los cabujones tienen normalmente una base plana o casi plana, y la parte de arriba lisa o abombada. Pueden tener cualquier forma, pero los cabujones ovales o redondos son los más comunes. Para sujetarlos sobre un metal, se fabrica un aro pequeño o engaste que se adapta perfectamente a la parte externa de la piedra y se va montando gradualmente en él.

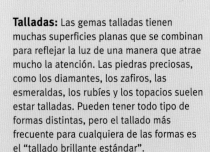

Talladas: Las gemas talladas tienen muchas superficies planas que se combinan para reflejar la luz de una manera que atrae mucho la atención. Las piedras preciosas, como los diamantes, los zafiros, las esmeraldas, los rubíes y los topacios suelen estar talladas. Pueden tener todo tipo de formas distintas, pero el tallado más frecuente para cualquiera de las formas es el "tallado brillante estándar".

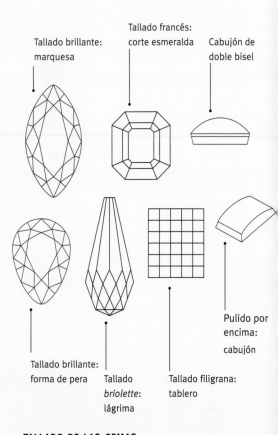

Tallado brillante: marquesa

Tallado francés: corte esmeralda

Cabujón de doble bisel

Tallado brillante: forma de pera

Tallado *briolette*: lágrima

Tallado filigrana: tablero

Pulido por encima: cabujón

TALLADO DE LAS GEMAS

El tallado varía según el tipo de piedra y el efecto deseado. Las variaciones sobre el tallado brillante, por ejemplo, están diseñadas para dejar reflejar la luz a través de la piedra. Los tallados filigrana o fantasía están diseñados para retener el peso o, a veces, para disimular defectos.

COMPRAR PIEDRAS

Hay un abanico disponible tan fantástico de piedras que tal vez le resulte difícil saber dónde y qué comprar. Muchas ciudades grandes y pequeñas tienen algún comercio dedicado donde encontrar piedras individuales o cadenas de piedras semipreciosas que se pueden, sencillamente, convertir en collares. Hay también un número creciente de ferias en las que los importadores y minoristas individuales exponen sus mercancías, y éstas se celebran en distintas ciudades del país. Además de una amplia oferta de piedras entre las que elegir, encontrará también algunos cabujones y piedras talladas espléndidamente. Las ventas por Internet son asombrosamente populares, pero al principio es mejor adquirir una sola piedra o una cadena de cuentas para minimizar el riesgo, hasta que encuentre un minorista de confianza.

QUILATES

Las piedras se venden normalmente a peso, que se mide en quilates. Un quilate tiene cien puntos, así que si sabe que una piedra es de "10 puntos", significa que pesa 1/10 quilate.

Para determinar el peso en quilates de una piedra:

• Pese la piedra en gramos.

• Multiplique el peso en gramos por cinco; éste es el número de quilates.

Para saber el coste de una piedra, multiplique el número de quilates por el coste por quilate de la piedra. Algunas piedras se venden por artículo, pero eso se aplica normalmente a las más baratas, como las turquesas, el cuarzo o la hematites.

CALIDAD

En general, cuanto más clara es una piedra, mayor su calidad. Tenga en cuenta que las piedras muy claras y sin defectos han podido ser manufacturadas y tratadas con calor, lo cual está bien, siempre que usted lo sepa. Las piedras más caras, como los rubíes y las esmeraldas, pueden haber sido embellecidas con calor, tratadas con láser o inyectadas para mejorar su color. A menos que las piedras sean muy caras, es poco probable que no presenten ningún defecto. La mayoría de proveedores de piedras tienen una sala de exposición, de modo que lo mejor es que se ponga en contacto con ellos y les pida que le muestren lo que tienen en stock. Elija una o dos piedras que le gusten mucho y que pueda permitirse, y no se sienta presionado para comprar más de lo que usted quiere.

ÓPALOS

Los ópalos tienen, a veces, un refuerzo oscurecido aplicado para potenciar los colores; éstos se llaman dobletes o tripletes. Los ópalos sin refuerzo suelen tener un aspecto bastante lechoso (a menos que sean ópalos naranja fuego o negros).

TURQUESAS

Las turquesas son muy blandas; se rompen con facilidad si se hace mucha presión sobre ellas mientras se están montando o ensartando. Las de más valor son las que tienen un tono verde fangoso, con líneas negras que las cruzan al azar (la roca original).

VÉASE TAMBIÉN
Unidad 27: Accesorios, p. 92
Unidad 32: Engastar piedras, p. 108

ESTRELLAS Y OJOS DE GATO

Las estrellas suelen aparecer en los zafiros y rubíes. Si se sostienen contra la luz, verá firmes líneas finas que irradian desde el centro, en forma de estrella. Si la piedra, además de tener una estrella, es muy clara, será cara. Si la piedra es más bien opaca y tiene una estrella, suele ser menos cara. Los ojos de gato aparecen como una línea fina que cruza la piedra y parece moverse con la luz. Le añaden valor. Tanto los ojos de gato como las estrellas sólo aparecen en los cabujones.

Este zafiro tiene un ojo de gato.

TURMALINAS

Las turmalinas son piedras muy populares. Están en una gama fantástica de colores, desde azul a azul turquesa, gris, verde oscuro, verde claro, rosa y amarillo. A veces dos o tres de estos colores aparecen en la misma piedra. Una piedra transparente verde oscura o rosa puede resultar muy cara.

TRUCOS PARA COMPRAR PIEDRAS

Vigile las inclusiones grandes que cruzan una piedra de lado a lado. Pueden parecer muy finas pero podrían causar la rotura de la piedra en caso de que se le aplique demasiada presión durante su montaje. Los defectos en las piedras talladas son menos evidentes. Si va usted a comprar una piedra cara, mírela con una lupa de 10 aumentos para detectar cualquier defecto.

Los diamantes tienen un grado de clasificación de calidad mundialmente extendido. Van desde los "inmaculados" hasta los "imperfectos", y el precio por quilate depende de su grado. Cuando elija o encargue diamantes, pregunte qué grado está mirando.

FL – Inmaculado
Perfecto. No se detectan imperfecciones internas ni externas a ojo ni con la lupa de 10 aumentos.

IF – Internamente inmaculado
No se aprecian imperfecciones ni inclusiones con una lupa de 10 aumentos.

VVS – Muy muy ligeramente imperfecto
Puede tener inclusiones muy pequeñas que sólo se pueden ver con una lupa de 10 aumentos.

VS – Muy ligeramente imperfecto
Pequeñas inclusiones que sólo se pueden ver con una lupa de 10 aumentos.

SI – Ligeramente imperfecto
Las inclusiones resultan fácilmente visibles con una lupa de diez aumentos y un ojo entrenado las puede detectar sin la lupa. Otro defecto potencial en los diamantes es la aparición de motas diminutas de carbón.

I – Imperfecto
Inclusiones que se pueden ver a simple vista.

Hay grados dentro de esta escala que denotan una clasificación más precisa y específica, pero los que aquí se indican deberían servir como orientación inicial.

DIAMANTES MONTADOS
Un par de pendientes de lágrima combinando perlas y diamantes.

Lección 8: Ensartar un collar de cuentas

Algunas piedras semipreciosas vienen ya agujereadas para usar como cuentas. También puede comprar una maravillosa selección de cuentas hechas con todo tipo de materiales distintos. Ensarte cuentas en pendientes o colgantes, o ensártelas para hacer un sencillo collar, como aquí mostramos.

CIERRE DEL COLLAR

Deje 25 mm para el cierre y el gancho del collar de cuentas. Eso significa que solamente necesitaría ensartar 42 cm de un collar de 45 cm.

1 Los collares suelen tener entre 40 y 50 cm de longitud. Corte un trozo de hilo de tigre o de *nylon*, al menos 15 cm más largo de lo que necesita.

2 Ensarte un cierre de collar a una anilla y suelde la anilla para cerrarla (*véase* p. 74).

3 Pase el hilo por la anilla y dóblelo hacia atrás.

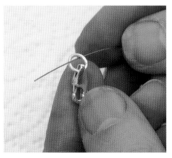

4 Pase un galón por el otro extremo del hilo y acérquelo a la anilla. Pase el otro extremo del hilo por éste. Apriete el galón con fuerza con los alicates de nariz.

5 Ahora ensarte las cuentas en el hilo. Empújelas hasta el galón y meta en el extremo corto todas las cuentas que pueda. Recórtelo si es necesario.

6 Cuando acabe de ensartar todas las cuentas, ensarte el segundo galón, la segunda anilla, luego la anilla del cierre con éste ensartado. Tense bien el hilo.

7 Meta el extremo por el galón. Tire del galón hasta la anilla y apriételo con los alicates. Meta el extremo corto del hilo por tantas cuentas como le sea posible.

Capítulo 2
Técnicas

Con infinidad de ideas esperando
a hacerse realidad, ahora ya estará
preparado para utilizar la parte práctica
del libro. Un aspecto importante a tener
en cuenta es que los joyeros realizan las
cosas de muchas maneras distintas. Las
técnicas que se explican en las páginas
siguientes muestran una forma de
trabajar, pero a menudo hay más de una
manera de conseguir efectos parecidos;
puede que usted encuentre sus propios
métodos y procedimientos de conseguir
que una técnica le funcione mejor. Esta
sección incluye la información suficiente
para ayudarle a conocer las técnicas
básicas y para animarle a alcanzar
–y, lo más importante, a disfrutar– su
fabricación de joyas.

Unidad 12: Tomar medidas

Las joyas están diseñadas para ser llevadas; esto es un aspecto del diseño que no puede pasar por alto. Encontrar el peso, el tamaño y la longitud correctos, el equilibrio en la colocación de los accesorios, todo lo que asegura que las joyas son un placer de llevar, depende en primer lugar de una correcta medición.

Después de decidirse por un diseño, las medidas son el primer paso a resolver. A veces será capaz de resolverlas a ojo; otras veces precisará realizar dibujos muy precisos (*véase* p. 19). Hay ciertas fórmulas que resultan útiles tanto para calcular las longitudes necesarias para los aros de anillos y los engastes como para hacer distintas formas geométricas, además de ser capaces de calcular el coste del peso de una pieza de metal o una piedra.

Muchos de estos cálculos implican el número pi (π), que se expresa como 3,1416 o como 22 dividido por 7. Deje que pi se convierta en su amigo y él se encargará de hacerle todos sus cálculos.

MEDIDAS PARA ANILLOS

Hasta un anillo sencillo con un engaste sencillo requiere una medición precisa. Es importante saber la medida del dedo de quien lo va a llevar para calcular la longitud de metal para el aro, y el tamaño de la piedra para saber la longitud de plancha de metal necesaria para el engaste.

FÓRMULAS ÚTILES

Circunferencia de un círculo:
$$\text{diámetro} \times \pi$$
$$(\text{diámetro} \times 3{,}142)$$
Necesitará saber la circunferencia para saber la longitud de un anillo, el tamaño adecuado del engaste para una piedra redonda, o para cualquier otro círculo que esté realizando.

Circunferencia de un óvalo:
$$\left(\frac{\text{largo} + \text{ancho}}{2}\right) \times \pi$$
Precisará saber la circunferencia de un óvalo cuando haga engastes para piedras ovaladas o para cualquier otro óvalo que esté haciendo.

Área de un círculo:
$$\pi r^2$$
$$(\pi \times \text{radio al cuadrado})$$
Deberá saberlo cuando averigüe el peso de un círculo o de la sección de un hilo redondo.

Área de un triángulo:
$$\text{base} \times \tfrac{1}{2}\,\text{altura}$$
Necesitará saberlo cuando quiera saber el peso de un triángulo o de la sección triangular de un hilo.

Volumen de una esfera:
$$\frac{4\pi r^3}{3}$$
$$(4 \times \pi \times \text{radio al cubo, dividido por 3})$$
Necesitará saberlo para realizar bolas sólidas.

Peso en quilates (de una piedra):
$$\text{peso de la piedra (en gramos)} \times 5$$
Precisará saberlo para todo tipo de aplicaciones.

AVERIGUAR EL PESO

Las balanzas son útiles para pesar metal y piedras. Puede averiguar el peso de un objeto –un trozo de metal, por ejemplo– sin balanzas, pero antes deberá saber su volumen y su densidad.

Volumen:
Plancha de metal = longitud x anchura x grosor.
Hilo de metal = área de la sección (π x radio²) x altura (o longitud de hilo).

Densidad:
Cada metal tiene su propia densidad, o gravedad específica (*véanse* pp. 34-35).

Peso:
Peso = volumen x densidad.
Por ejemplo, para averiguar el peso de una pieza de oro de 18 quilates que mida 20 x 60 x 1 mm:
20 x 60 x 1 = 1200.
1200 x densidad (16,15) = 193,8.
Así que pesa 19,38 g.

Lección 9: Calcular la medida de un anillo

Para realizar un anillo a medida hay que cortar la medida correcta de metal. Y para averiguar la longitud necesaria, deberá saber la talla del anillo. Hay dos maneras para calcular la longitud de metal que hay que cortar.

1   Para el primer método, mida sencillamente el diámetro de la talla de anillo necesario (ayudándose de un medidor de aros) y multiplíquelo por pi.

2   Para el segundo método, ajuste bien un trozo de hilo de metal alrededor de una lastra de anillos, en la indicación del tamaño necesario.

3   Saque el hilo de la lastra, córtelo para abrirlo y extiéndalo formando una línea recta (que luego se podrá medir con facilidad).

4   Para ambos métodos, mida el grosor del metal que va a utilizar con un pie de rey y multiplíquelo por dos. Añada esta medida a la longitud del aro.

5   Una vez haya averiguado la longitud requerida para la tira, puede marcarla en el metal, listo para cortarse.

TAMAÑOS DE ANILLOS

En distintas zonas del mundo hay distintos sistemas para averiguar la talla de un anillo. Por ejemplo, en Estados Unidos se miden con una escala numérica, mientras que en el Reino Unido se describen mediante una escala alfabética. *Véase* en la p. 141 la tabla de conversión de tamaños de anillos.

PROYECTOS DE PRÁCTICA

Utilice esta técnica para realizar el anillo con cabujón engastado; *véase* p. 126.

VÉASE TAMBIÉN
Unidad 4: Plasmar ideas, p. 18

Lección 10: Calcular la medida de una pulsera

Una pulsera cerrada tiene las medidas distintas de una abierta. La mayoría de brazaletes cerrados miden entre 20 y 23 cm, y los abiertos entre 17 y 20 cm. Lo más fácil es utilizar un medidor de brazaletes para averiguar la medida indicada, pero también puede usar sencillamente una cinta.

1 Abra el medidor de brazaletes y deslícelo hasta la parte más ancha de la mano, sin apretar. Si está haciendo un brazalete cerrado, la medida correcta es donde se ajusta a la parte más ancha de ésta.

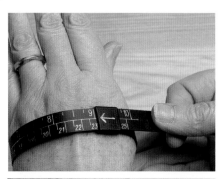

2 Si hace un brazalete abierto, la medida correcta será donde se ajusta a la muñeca.

BRAZALETE ABIERTO

Las curvas y líneas de este brazalete abierto han sido influenciadas por las ideas originales de la naturaleza de la página 17.

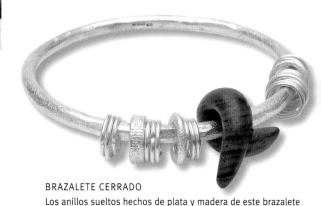

BRAZALETE CERRADO

Los anillos sueltos hechos de plata y madera de este brazalete cerrado se han adaptado una vez moldeada la forma.

PROYECTOS DE PRÁCTICA

Utilice esta técnica para hacer la pulsera grabada; p. 130.

Lección 11: Medir longitudes

Utilice este método para cortar varios trozos de hilo metálico,
cada uno de los cuales será exactamente de la misma longitud.

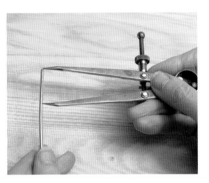

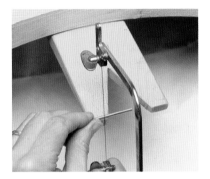

1   Calcule la longitud que quiere que tengan los trozos de hilo.

2   Lime un extremo del hilo hasta aplanarlo. Sujete una punta del compás de puntas fijas contra el extremo plano y use la otra punta para marcar una línea en el hilo.

3   Utilice la sierra de calar para cortar por la marca. Aplane el extremo con la lima y marque el siguiente trozo con el compás.

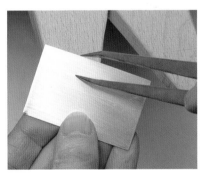

4   Puede usar el mismo método para marcar el ancho de las tiras del mismo tamaño, cuando necesite cortarlas de una plancha de metal.

REALIZAR ESLABONES
Poder realizar trozos de hilo de exactamente la misma longitud resulta útil, por ejemplo, para hacer eslabones uniformes de un brazalete o collar.

Unidad 13: Transferir diseños

Una vez se ha completado sobre el papel el diseño de una pieza, hay que transferirlo al metal para proceder a la perforación. Casi siempre, el metal es plano y el diseño se puede transferir con facilidad, pero puede haber veces en las que primero se da la forma al metal –abombada, por ejemplo– y el patrón se corta después.

La línea a cortar debe ser clara. Cortar por una línea borrosa o que tiene otras dos líneas cerca no es nunca satisfactorio, y eso es especialmente importante cuando se cortan círculos (para leer más sobre el perforado, *véase* p. 52). Para transferir el diseño a una superficie de metal hay varios métodos: utilice el que se adapte mejor a su diseño. En cualquier caso, si la línea está dibujada sobre papel vegetal pegado al metal o si se ha dibujado directamente sobre el metal, ha de ser clara y fácil de seguir.

Lección 12: Fijar un dibujo al metal

La manera más fácil de cortar es marcar el diseño en papel de calco y luego utilizar la sierra de calar para cortar por sus líneas. Asegúrese de que el papel está bien fijado al metal y vaya soplando el polvo que se crea al serrar.

1 Dibuje el diseño acabado sobre papel vegetal con un lápiz mecánico fino.

2 Corte el papel vegetal, dejando un margen alrededor del diseño.

3 Retire cualquier plástico protector que lleve la lámina de metal.

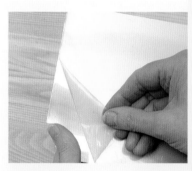

4 Use papel húmedo y seco para quitar las rayas de la superficie del metal antes de cortar. Aplique cola al dorso del papel vegetal y déjelo secar al aire. Colóquelo sobre el metal, asegurándose de que la línea de corte del diseño no queda en el borde del metal. Corte el diseño con la sierra.

Lección 13: Trazar el diseño sobre el metal

Este método es la alternativa al papel vegetal.

1   Limpie el metal con un trozo de papel húmedo y seco. Empiece con el papel seco y use uno de grano relativamente grueso (grano 240-400) y luego repáselo con otro de grano 400-400.

2   Dibuje la forma en una hoja de papel vegetal. Dele la vuelta y marque por encima de la línea con el lápiz, presionando fuerte para que quede bien marcado.

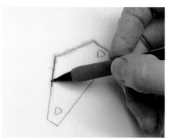

3   Fije el metal sobre una superficie plana con cinta adhesiva. Fije el dibujo (con la cara buena hacia arriba) encima del metal con cinta adhesiva. Trace por encima de la línea con la ayuda de un punzón, presionando con fuerza de manera que el diseño quede fijado al metal.

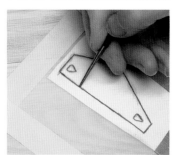

4   Retire el papel y repase cuidadosamente la línea del lápiz con un punzón metálico. Corte el diseño con la sierra.

Lección 14: Dibujar el diseño sobre el metal

Puede dibujar su diseño directamente sobre el metal. Siga este método si el patrón ha de ser muy preciso, como sería un cono para hacer el engaste de una piedra tallada (*véase* p. 114).

1   Dibuje con precisión, en papel, el patrón exacto del cono (o cualquier forma que deba cortar). Un cono se realiza normalmente con un compás de puntas fijas o un compás normal, y tiene un punto central.

2   Con cinta adhesiva, fije el metal cerca de su dibujo, de modo que le resulte fácil tomar todas las medidas del dibujo. Empiece a marcar el diseño en el metal.

3   La línea ya está lista para cortarse con la sierra. Si utiliza el compás de precisión, recuerde que rayará la superficie. Raye sólo en las zonas que luego cortará, porque los arañazos pueden resultar difíciles de eliminar.

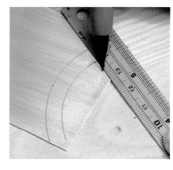

VÉASE TAMBIÉN
Unidad 9: Metales preciosos, p. 34
Unidad 10: Metales no preciosos, p. 38
Unidad 13: Transferir diseños, p. 50
Unidad 19: Cortar, p. 68

Unidad 14: Perforar

Una pequeña sierra de calar se utiliza para cortar o perforar el metal. El metal se puede cortar también con tijeras o, los trozos más grandes, con una guillotina, aunque estos dos instrumentos dejarán los bordes bastante deformados y afilados y no son, por tanto, adecuados para cortes precisos.

CORTAR METALES

Cobre: El cobre es un metal excelente para practicar el perforado. Da la sensación de tener el grano bastante grueso y, a medida que se corta, su polvo cae en partículas gruesas. Como indicación, con una plancha de cobre de 1 mm utilice una hoja del 1 o del oo.

Latón: El latón es bastante parecido al cobre pero da sensación de menos grosor. Cuando sierre metales no preciosos, recoja el polvo en una bandeja o cuero limpios porque debe mantenerse separado del polvo del metal precioso. Para una lámina o plancha de 1mm, utilice una hoja del 1 o del 1/o.

Aluminio: Es importante guardar las hojas de la sierra para cortar aluminio separadas de las que se usan para cortar otros metales, porque las partículas de polvo las contaminaría durante cualquier operación de calentado o de soldado. El aluminio es mucho más granuloso y ligero que el cobre o el latón. Para una lámina de 1 mm, utilice una hoja del 1 o del 2.

En una sierra de calar se pueden ajustar hojas de distintos grados. Las hojas más gruesas son adecuadas para el metal más grueso –cualquier material de unos 3 mm de espesor– y las más finas se utilizan en metal de menos de 0,5 mm. Los metales no preciosos son un poco distintos de cortar que los preciosos y en general precisan una hoja más gruesa para cortar grosores similares.

La acción de cortar debe ser suave. La mano que corta no debe estar tensa; sujete el mango de la sierra con soltura. Mantenga el metal inmovilizado en la astillera. Si permite que sus brazos o manos se tensen es más probable que la hoja de la sierra se le rompa o se le encalle en el metal.

Lección 15: Ajustar la hoja de la sierra

La hoja o segueta está bien ajustada cuando hace un sonido como de cuerda de guitarra. Si se destensa mientras está trabajando, deténgase y vuelva a tensarla.

1   Saque una hoja del paquete y gírela con los dientes hacia usted. Pase el dedo índice por los dientes. Debe notarlos suaves al bajar y punzantes al subir.

2   Sujete la sierra con una mano y empuje el extremo de arriba contra el centro de la tablilla. Coloque la parte de arriba de la hoja en el agujero de la rosca y apriételo bien. Empuje la sierra contra la astillera y luego coloque el extremo inferior de la hoja en el agujero de rosca de abajo y apriétela.

3   Debe notar la hoja tensa y flexible. Ahora está lista para empezar a cortar. Frótela con un poco de cera de abeja o con una pastilla de jabón para facilitar el primer corte. Tenga la cera o el jabón a mano para evitar que se encalle la segueta.

Lección 16: Recortar una forma

Cuando esté cortando, asegúrese de que sólo está siguiendo una línea. Las líneas borrosas o dobles darán como resultado un corte inexacto.

1 Coloque el metal en la tablilla con el papel vegetal colocado o con el diseño marcado en su superficie.

2 Sostenga la sierra de calar en ángulo recto respecto al metal y con la hoja tocando apenas la línea por la que va a cortar.

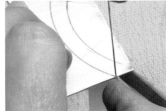

3 Para ayudar al primer corte, sostenga la sierra a un ángulo del metal. Eso ayuda a ponerla en marcha.

4 Enderece la sierra y corte por la línea con pasadas largas y suaves. Si quiere hacer una línea curva, sin dejar de mover la sierra vaya girándola, o gire el metal lentamente mientras la sierra permanece en la misma posición.

5 Para cortar un ángulo recto, corte hasta el punto donde debería girar. Use la parte lisa de la hoja y continúe el movimiento de corte, justo hasta la esquina. Es como si aplastara agua, manteniendo el movimiento pero sin moverse. Cuando tenga el dorso de la hoja contra la esquina, gire la sierra hasta la posición correcta para cortar por la línea siguiente.

CORTAR METALES II

Acero inoxidable: El acero inoxidable da la sensación de tener el grano bastante cerrado, pero ser muy duro. Serrar acero inoxidable lleva mucho más tiempo que otros metales, y puede que las hojas de la sierra se le gasten bastante rápido. Para cortar una lámina de 1 mm utilice una hoja del 1 o del 2.

Plata estándar: La plata estándar es un metal fácil de cortar. La plata pura es muy blanda y, por tanto, hasta más fácil, pero se doblará al cortarla. Tiene un grano bastante cerrado y su polvo se puede recoger en el cuero y guardarlo para vender con otros deshechos. Use una hoja del 0 o 01 para una lámina de 1 mm, o una hoja del 02 o 03 para cortar láminas de 0,75 mm. Cualquier cosa de 0,5 mm o menos deberá cortarse con una hoja del 04 o 06.

Oro de baja pureza: La mayor parte del oro de baja pureza es una aleación de otros metales. Eso puede significar que da una sensación un poco más gruesa que la plata al cortar, aunque eso no le añade dificultad. El polvo del oro al cortarlo se debe guardar por separado, de modo que asegúrese de que el soporte de cuero está limpio antes de empezar. Para una lámina de 1 mm pruebe con una hoja de 00 o de 01.

Oro de alta pureza: El oro muy puro da la sensación de grano cerrado y se corta con facilidad. Todo el polvo de oro se debe guardar con cuidado según los quilates. Use una hoja de 01 o 02 para una lámina de 1 mm, o una hoja de 02 o 03 para 0,75 mm, hasta bajar a la hoja de 06 o 08 para las láminas de 0,3 mm o menos.

En el caso de la plata y de los dos tipos de oro, recoja el polvo o las raspas. Guárdelo por separado para llevárselo a su orfebre.

Lección 17: Cortar una línea recta para un anillo

Cuando coloque el metal en la astillera para cortarlo, asegúrese de que la luz lo ilumina de manera que destaque la línea marcada por la que deberá cortar. No empiece a cortar hasta que la vea con claridad.

TRUCOS DE CALADO

Liberar la segueta: Habrá momentos en los que la segueta, sencillamente, no avanzará ni hacia delante ni hacia atrás. Si trata de forzar el movimiento, la romperá. Averigüe dónde debe estar la segueta levantando el metal y la sierra de la astillera y dejando que el metal vuelva adonde quiere estar. Vuelva a bajarlos hasta la astillera, cuidando de no alterar la posición ni el ángulo. Ahora la segueta debería correr libremente.

Rotura: Las seguetas se rompen con facilidad. La razón más habitual de la rotura es que la segueta se ha forzado para que haga algo con demasiada fuerza o rapidez.

Cortar una línea recta: Si le resulta difícil cortar en línea recta, dibuje una segunda línea paralela antes de empezar a cortar y corte entre las dos líneas.

Cortar esquinas: Si va a cortar una tira para un anillo, corte la longitud, luego saque la sierra de calar de la pieza y haga un corte nuevo en el metal en perpendicular. Eso producirá un ángulo más limpio que si trata de girar la hoja dentro del metal.

1 Asegúrese de que al menos un lado del metal es recto. Si es necesario, utilice una lima para alisarlo.

2 Abra un compás de puntas fijas hasta el ancho que hay que cortar. Ponga una punta en el borde del metal y la otra sobre la superficie del mismo. Deslice el compás por el borde del metal, marcando una línea.

3 Puede que le resulte más fácil cortar una línea recta cortando entre dos líneas. Dibuje dos líneas separadas por un milímetro y corte entre las dos.

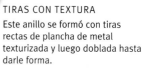

TIRAS CON TEXTURA
Este anillo se formó con tiras rectas de plancha de metal texturizada y luego doblada hasta darle forma.

Lección 18: Calar formas interiores

Puede que quiera cortar una zona del interior del metal sin cortarla desde el borde. Realice un pequeño agujero cerca del borde de la zona a cortar. Si la pieza es pequeña, haga los agujeros antes de cortar el borde externo.

1 Pegue el papel vegetal al metal (*véase* Lección 12, p. 50). Marque con un lápiz el lugar en el que hay que perforar. Ponga el metal sobre una superficie dura.

2 Marque el lugar de cada agujero con la ayuda de un punzón y un martillo.

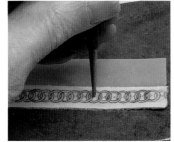

3 Sujete con fuerza el metal sobre la astillera de madera. Haga los agujeritos a través del papel vegetal.

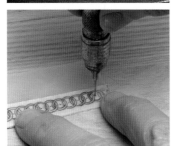

4 Afloje la parte inferior del arco de sierra, introduzca la segueta por el agujero y vuelva a apretar la palomilla del arco de sierra (*véase* Lección 15, p. 52).

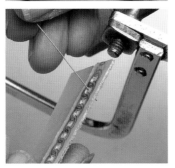

5 Coloque la pieza en la astillera y empiece a perforar la zona marcada. Si los rincones bruscos dificultan el corte, corte por un lado y luego saque la sierra y corte por el otro lado. Puede que tenga que sacar el metal a medio cortar para permitir que el movimiento de la sierra sea más suelto en las zonas más difíciles.

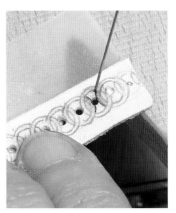

6 Cuando haya calado la zona indicada, frote suavemente la hoja de la sierra por los lados del agujero, como si fuera una lima. Eso resulta a veces más efectivo que intentar usar una lima en zonas muy pequeñas.

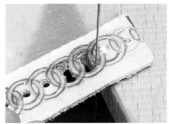

TRUCO PARA PERFORAR INTERIORES

Es mejor hacer cualquier perforación de la parte interna cuando una pieza ya ha sido doblada o moldeada. Si se perfora un patrón en una pieza que luego se va a embutir, algunos de los cantos de la pieza sobresaldrán formando un ángulo distinto a la forma redondeada de la cúpula. En cambio, se mantendrán en la forma correcta si se cortan una vez abombada la pieza. Sucede lo mismo cuando queremos realizar agujeros: si el metal se moldea una vez perforados, acabarán teniendo una forma ligeramente oval.

DESTACAR CON ANILLAS
Este collar emplea anillas grandes y pequeñas de manera muy efectiva para realizar una gargantilla interesante y flexible alrededor del cuello.

CORTAR ANILLAS DE HILO METÁLICO

Cortar muchas anillas: Las anillas se pueden hacer con hilo de cualquier metal del tamaño adecuado. Si va a realizar más de un par de anillas, lo más rápido es enrollar un trozo de hilo alrededor de una horma del tamaño indicado y luego cortarlos (*véase* p. 122).

Truco para cortar: Para mantener las anillas en su lugar y cortarlas homogéneamente, resulta útil girar la hoja de la segueta hacia abajo. Así se mantiene la presión sobre la espiral hasta que la anilla ha sido cortada.

Lección 19: Cortar hilo metálico

El hilo se puede cortar con unas tenazas o con alicates, pero siempre queda un extremo puntiagudo que se debe limar. De modo que, para cortar cualquier hilo de más de 1 mm de diámetro, lo mejor es usar la sierra de calar.

1   Marque el hilo con el compás de puntas fijas por donde quiere hacer el corte. Corte más o menos hasta la mitad del grosor del hilo.

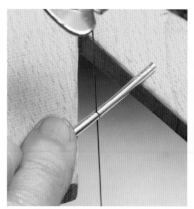

2   Empuje el hilo por ambos lados del corte; de lo contrario, el metal se doblará alrededor de la hoja de la segueta, provocando que se enganche y se rompa. Acabe el corte y lime cualquier borde puntiagudo.

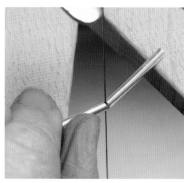

Lección 20: Cortar tubos gruesos

Los tubos más gruesos no cabrán en un cortador de tubos (*véase* Lección 21) y hay que cortarlos a mano con un arco de joyero.

1 Lime el extremo del tubo para alisarlo con una lima grande y plana. Abra el compás de puntas fijas hasta el ancho que desea cortar. Mantenga una punta del compás apoyada en el borde del tubo y use la otra punta para marcar una línea alrededor del mismo.

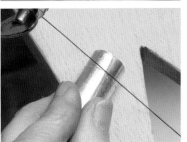

2 Coloque la segueta sobre la línea marcada haciendo ángulo y corte una línea ligera alrededor. Deberá acabar en el mismo punto por el que ha empezado. Ahora puede continuar cortando del mismo modo alrededor del tubo, o bien ir completando lados hasta que esté todo cortado.

Lección 21: Usar un cortador de tubos

Cuando corte trozos de tubo más fino, utilice un cortador específico. Esta herramienta mantiene el tubo y la hoja rectos, permitiéndole realizar un corte limpio.

1 Asegúrese de que el extremo del tubo está recto; si no, límelo. Colóquelo en el cortador de tubos con el extremo limado y bien apretado contra el final del mismo.

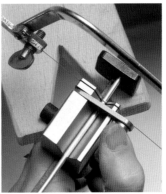

2 Afloje la tuerca del cortador y tire del extremo hasta que salga la longitud correcta de tubo a cortar. Apriete la tuerca y coloque la hoja de la sierra en la muesca para cortar el tubo. Utilice la misma posición para cortar todos los trozos de tubo que necesite.

PROYECTOS DE PRÁCTICA

Utilice esta técnica para realizar los pendientes de hilo decorado; *véase* p. 132.

Unidad 15: Templar

Antes de empezar a trabajar con un metal debemos templarlo mediante un proceso de calentamiento por el cual se ablanda y se convierte en maleable. Después de templarlo, el metal puede ser trabajado y moldeado. Cuando empieza a endurecerse por la manipulación, ha de ser templado de nuevo.

CONSEJOS DE TEMPLADO

Decisión de templar: Cuando adquiera un metal en plancha, siempre necesitará templarlo antes de doblarlo o moldearlo. El hilo de metal es un poco distinto; resulta fácil comprobar si un hilo de diámetro redondo de 1 mm es blando, pero si lo es uno de 5 mm resulta menos obvio. Temple siempre el hilo más grueso antes de empezar a trabajarlo.

Plata y oro puros: La plata pura de 999,9 y el oro puro de 24 quilates no se oxidan al calentarlos. Son metales intrínsecamente blandos y sólo hay que templarlos si se han endurecido a base de trabajarlos mucho.

Tamaño de la llama: El templado debe realizarse con una llama grande y suave. Los metales preciosos son muy buenos conductores de calor, de manera que alcanzarán su temperatura de templado más rápido si la llama se pasa suavemente por toda la longitud del metal, en vez de hacerla oscilar de un lado al otro.

Plástico protector: La plata estándar se vende normalmente con una capa de plástico que la protege de las ralladuras. Esta protección se puede conservar para algunos trabajos de corte, pero asegúrese de retirarla antes de cualquier operación de templado.

Manténgalo seco: Después de enfriarlo, el metal debe secarse totalmente antes de trabajarlo. Cualquier resto de humedad pasará a las herramientas de acero y les puede provocar oxidación y picaduras. Cualquier marca provocada así se transferirá a los metales preciosos que sean manipulados con la herramienta.

Cuando se calientan, la mayoría de metales cambian de color. El primer cambio es un oscurecimiento, seguido de un ennegrecimiento muy evidente conocido como "oxidación". Para templar un metal, el proceso de calentamiento prosigue más allá de la etapa de oxidación, hasta que el metal empieza a mostrar un rojo apagado. Este color se mantiene unos segundos mientras el metal se relaja; luego se enfría. Es casi imposible ser absolutamente preciso sobre el momento en el que el metal necesita ser templado. Asegúrese de que el metal con el que trabaja no se vuelve nunca demasiado duro. A medida que empiece a trabajar con metales distintos, empezará a notar la diferencia entre sus estados blando y duro.

Lección 22: Templar hilo fino

Antes de templar el hilo fino enróllelo en espiral. El hilo que deje suelto se fundirá más fácilmente.

1   Para templar un rollo de hilo metálico de 1 mm, introduzca los dos extremos hacia adentro para que no salgan disparados al calentarlo. Coloque el rollo sobre el bloque de soldar.

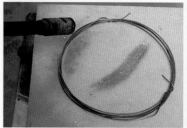

2   Caliente el rollo con una llama grande y suave. No deje de mover la llama; un calor intenso en un punto determinado fundiría el hilo. Déle la vuelta al rollo de hilo con unas pinzas protectoras para templarlo por el otro lado.

Lección 23: Templar hilo grueso

El hilo metálico grueso no es tan fácil de enrollar como el fino. Aplánelo sobre el ladrillo refractario y manténgalo sujeto durante todo el proceso, para evitar que se caiga mientras lo calienta.

1 Coloque un trozo de hilo de 5 mm sobre el ladrillo refractario. Pase una llama grande y suave a lo largo del hilo. A medida que una zona se vaya volviendo de color rojo apagado, avance la llama hasta templarlo todo.

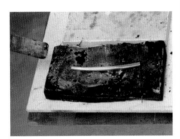

2 Déjelo enfriar unos segundos y luego sumérjalo en agua. Si es necesario, doble el hilo para que quepa en la solución desoxidante. Manténgalo en el líquido hasta que esté completamente blanco. Sáquelo, enjuáguelo y séquelo antes de ponerse a trabajar.

VÉASE TAMBIÉN
Unidad 9: : Metales preciosos, p. 34
Unidad 10: Metales no preciosos, p. 38
Unidad 16: Enfriar y desoxidar, p. 60

Lección 24: Templar una plancha de plata

Para evitar la formación de escamas durante el templado (*véase* p. 84), cubra la plata con un polvo o líquido protector, antioxidante. El polvo protector no se debe aplicar en las juntas soldadas porque haría correr la soldadura.

1 Retire el protector de plástico de la plata y frótela con un papel húmedo y seco de grado 400 para eliminar el brillo.

2 Ponga un poco de polvo de ácido bórico en un cuenco y mézclelo con un poco de alcohol metílico o agua hasta tener una pasta espesa. Agregue un poco más de líquido para que se puedan pintar fácilmente ambas caras de la plata con la misma.

3 Coloque la plata en el ladrillo refractario y caliéntela con la parte azul de una llama grande y suave. Vaya empujando el color rojo apagado por el metal hasta que toda la pieza esté templada.

4 Deje enfriar unos segundos; luego enfríela en agua y colóquela en una solución desoxidante templada durante 5-10 segundos (*véase* p. 61) para eliminar el polvo protector.

Unidad 16: Enfriar y desoxidar

Enfriar significa sumergirlo en agua fría. Eso mantiene el metal en un estado blando después de templarlo. Desoxidar es la manera de limpiar el metal después de haberlo calentado. Hay distintas soluciones para desoxidar, todas ellas eficaces, aunque todas actúan con mayor rapidez y eficacia si se utilizan tibias.

El líquido que se utiliza para enfriar es el agua fría, en un recipiente fuerte, preferiblemente de cristal. Algunos metales, como el oro rojo o blanco, no se enfrían inmediatamente después de templarlos. Puede que antes tengan que enfriarse un poco al aire. Su orfebre debe ser capaz de darle la información técnica sobre el enfriado de los distintos metales.

Después de templar una pieza puede que tenga una capa de óxido y un residuo parecido al cristal o fundente. Sumergirla en una solución de ácido unos minutos hará desaparecer el óxido y el fundente. Eso le permitirá detectar errores y corregirlos rápidamente.

TIPOS DE SOLUCIONES DESOXIDANTES

Potasa: La potasa se encuentra en forma de cristales blancos y se puede adquirir en la mayoría de farmacias. Se denomina oficialmente potasa o alumbre. Es un sulfato de aluminio y antiguamente se utilizaba como astringente médico. Sin embargo, en su aplicación en joyería es excelente para disolver el óxido de cobre.

Sales decapantes: Varía según el fabricante. Siga rigurosamente las instrucciones del envase y haga el preparado suficiente para llenar un recipiente de plástico hasta unos 5 cm del borde. El contenido en seco puede contener un poco de ácido sulfúrico, de modo que lleve siempre guantes de goma y manipúlelo en un lugar ventilado.

Vinagre con sal o limón: El metal se puede limpiar con una solución templada de sal y vinagre o zumo de limón. El limón funciona especialmente bien con el cobre. Una cucharadita de sal disuelta en unos 300 ml de vinagre blanco eliminará cualquier resto de óxido del cobre. Estas soluciones pueden ser un poco más lentas con la plata.

Ácido sulfúrico: Tradicionalmente, el ácido sulfúrico era la solución desoxidante más utilizada en los talleres de joyería. Es eficaz para eliminar rápidamente los residuos de óxido y de fundente. Sin embargo, cualquier salpicadura en la piel resulta muy irritante, y en la ropa puede provocar agujeros. Utilice una solución de una parte de ácido por diez partes de agua. Cuando se añada el ácido al agua desprenderá gases, de modo que actúe siempre en un lugar bien ventilado. **La regla de oro es siempre añadir el ácido al agua, nunca lo contrario.**

INFORMACIÓN IMPORTANTE DE SEGURIDAD:

Todos los ácidos son sustancias peligrosas. Si se salpica de ácido en la piel o en una superficie cualquiera, asegúrese de retirarlo de inmediato con abundante agua fría. Haga una pasta con agua y bicarbonato sódico y frote la zona afectada: eso neutralizará la quemadura del ácido en la piel. Si no se da cuenta de la salpicadura, al día siguiente verá que tiene una mancha negra en las manos. Por desgracia, una vez aparecida la mancha tardará unos cuantos días en desaparecerle, por mucho que la frote.

Utilice siempre pinzas de latón, plástico o acero inoxidable cuando sumerja o retire cualquier cosa de cualquiera de las soluciones desoxidantes.

Lección 25: Desoxidar con potasa

La potasa trabaja con bastante lentitud, de modo que quizá el metal tarde un poco en limpiarse, pero esta solución no provoca daños en la piel ni agujeros en la ropa; por ello es la más inofensiva de utilizar.

1 Ponga 2 o 3 cucharaditas de cristales de potasa en un recipiente de plástico. Añada agua tibia hasta unos 5 cm del borde y remueva.

2 Coloque el recipiente de plástico dentro de una olla de cocción lenta y enciéndala. Deje que se caliente bastante y luego baje la temperatura al mínimo. El agua del exterior del recipiente debe llegar hasta aproximadamente la mitad.

3 Temple una pieza de plata o cobre (*véase* p. 59), enfríela y luego métala en la solución caliente de potasa.

4 Deje el metal en la potasa durante al menos 5 minutos, o hasta que esté totalmente limpio. Con la plata, el resultado será un aspecto muy blanco. Con el cobre, eliminará todas las escamas y dejará una superficie rosada y brillante.

5 La potasa conservará sus propiedades unas cuantas semanas, pero con el tiempo se deteriora. Adquirirá un tono azul oscuro, y el metal que se supone que debería limpiar puede quedar más bien gris. La potasa gastada se puede echar en el inodoro diluida con abundante agua fría.

VÉASE TAMBIÉN
Unidad 15: Templar, p. 58
Unidad 21: Soldar, p. 72
Unidad 24: Pulir y acabar una pieza, p. 84

TRUCO PARA CALENTAR LA SOLUCIÓN DESOXIDANTE

Para mantener caliente la solución desoxidante utilice una olla de cocción lenta. (Si adquiere una de segunda mano, compruebe las conexiones eléctricas antes de usarla.) Llene la olla de agua hasta la mitad. Corte la mitad superior de un envase de plástico y llénelo con la solución hasta unos 5 cm del borde. Coloque el recipiente de plástico con ésta dentro de la olla y enchúfela. Manténgalo a una temperatura baja todo el día, de modo que la solución esté siempre caliente.

Lección 26: Desoxidar con ácido sulfúrico

Utilice el ácido sulfúrico como desoxidante solamente cuando no tenga alternativa. Puede que tenga que mezclar soluciones de otros ácidos, en proporciones distintas para diferentes usos; las mismas medidas de seguridad son aplicables. Por encima de todo, proceda lentamente y con cuidado.

1 Necesitará un par de guantes de goma, una máscara para gases, un medidor de cristal, un cuenco de plástico, agua fría corriente, ácido sulfúrico y una ventana abierta o una campana extractora. Llene el vaso medidor con diez partes de agua y métalo en el cuenco de plástico.

3 Remueva la solución con cuidado con una varilla de plástico o de cristal y viértala con cuidado en el recipiente de plástico que irá dentro de la olla de cocción lenta.

2 Póngase los guantes y desenrosque la tapa del ácido sulfúrico, ya sea bajo la ventana abierta o con el extractor encendido. Vierta con cuidado el ácido por el borde interno del vaso medidor hasta que haya añadido una parte de ácido por diez partes de agua. Vuelva a tapar bien la botella del ácido y guárdela en un lugar seguro, preferentemente un armario cerrado.

🔊 TRUCO DE SEGURIDAD PARA EL ÁCIDO

Cuando manipule ácido lleve siempre gafas protectoras. Tenga mucho cuidado al abrir la tapa de la olla de cocción lenta si contiene una solución ácida. No se incline encima de ella de inmediato porque los vapores son muy fuertes. No ponga nunca metal caliente directamente en el ácido porque salpicarían gotitas calientes de ácido sulfúrico por todo su entorno.

Unidad 17: Limpiar

Mantener limpia una pieza mientras se trabaja es muy útil para minimizar los errores, ser preciso con las mediciones y saber en cada etapa de la construcción qué está ocurriendo y qué necesita más atención. Mantener la limpieza no sólo resulta útil para el propio metal, sino también para las superficies, las herramientas y el material de soldadura.

CONSEJOS DE LIMPIEZA

Plástico protector: No retire el plástico protector del metal hasta que sea necesario. Quite las rayas con una lima o con papel húmedo y seco antes de que se vuelvan demasiado difíciles de alcanzar durante el montaje.

Desoxidación: Después de cada soldadura o templado, desoxide su pieza. Déjela el tiempo suficiente para eliminar cualquier resto de óxido o de fundente sobrante.

Polvo de piedra pómez: Tenga un cuenco pequeño con polvo pómez y un cepillo de dientes viejo junto al lavadero. Moje el cepillo con agua, métalo en el polvo y frote con él la pieza. Evítese en superficies muy pulidas.

Cepillo de latón: Un cepillo de latón suave es un artículo muy útil para tener en el fregadero. Ponga un poco de jabón líquido en el cepillo y frote vigorosamente para crear un brillo luminoso. En las superficies muy pulidas creará rayas.

Limpiador líquido de plata: Para limpiar una cadena de plata manchada, métala unos segundos en un limpiador líquido de plata. Sáquelo tan pronto como la vea brillante porque, si se deja demasiado, puede provocar un tono apagado. Lávela luego con agua y jabón líquido para eliminar cualquier resto pegajoso. Existen líquidos similares para el oro.

Gamuzas: Hay gamuzas ya impregnadas en líquido limpiador que se venden preparadas. Ate una esquina de la gamuza en la astillera de su banco de trabajo y póngala bien estirada. Frote la pieza a limpiar en el paño. Eso le dará brillo.

Acetona: El pulidor se puede eliminar con un trapo impregnado con acetona. Una buena alternativa a la acetona es un líquido para eliminar la laca de uñas. El pulidor también se puede quitar con una solución suave de amoníaco.

Tenga presente que su obra se puede oxidar una vez terminada. A veces, de esto se puede sacar partido. El cobre, por ejemplo, puede adquirir un tono verde o marrón oscuro. La plata, a menos que haya sido tratada, se pondrá más bien oscura, pero es bastante fácil de limpiar.

Lección 27: Eliminar la pasta de pulir

El método de limpieza que mostramos aquí es una alternativa barata a los limpiadores ultrasónicos.

1 Utilice un fogón a gas o eléctrico y un viejo cazo esmaltado o de pírex. Vierta un chorro de jabón líquido en el cazo, un poco de amoníaco casero y dos tazas de agua. Ponga el cazo en el fuego, lleve la mezcla a ebullición y luego baje el fuego. Meta el objeto en esta mezcla.

2 A medida que el líquido vaya burbujeando, el objeto se irá moviendo por el fondo del cazo. Esta vibración ayuda a eliminar la pasta de pulir, de modo que déjelo diez minutos largos. Apague el fuego y saque la pieza con unas pinzas de acero inoxidable. Enjuáguela bajo un chorro de agua fría.

Unidad 18: Moldear

El metal debe estar templado para que se pueda doblar y estirar con facilidad y uniformidad. Hay metales que permanecen relativamente blandos mientras se trabajan, pero luego todos los metales se acaban endureciendo cuando se golpean con el martillo, se trabajan encima de las hormas metálicas o se pasan por el laminador.

Algunos pliegues se pueden lograr manipulando sencillamente el metal con los dedos hasta crear la forma deseada. Si la forma requiere unos pliegues más complicados, entonces hay que usar hormas, yunques, mazas y martillos. Como el metal está en estado blando para doblarlo, está también vulnerable a las marcas indeseadas realizadas con las herramientas utilizadas. Hay un amplio abanico de herramientas disponibles para crear formas distintas; sin embargo, es básico hacer un uso correcto de ellas. Las herramientas de acero pueden dejar señales en el metal más blando si se utilizan incorrectamente; las de madera sólo provocan señales en los metales más blandos, como la plata pura o el oro de muchos quilates.

BROCHE CURVADO
Una curva de fuerte inclinación pero simple define la forma de este sobrio diseño.

ANILLO DECORADO
La decoración de este anillo macizo se ha hecho con una banda gruesa de plata, con textura, doblada hasta adoptar la forma, y luego soldada al aro.

PENDIENTES DE TACHUELAS
Estos pendientes de oro se hicieron con cuatro discos abombados que se cortaron por el centro, se rizaron, se entrelazaron y luego se soldaron.

PENDIENTES RIZADOS
Los tramos verticales de estos pendientes se formaron enrollando tiras texturizadas sobre una horma.

JUEGO DE ANILLOS
Este juego de anillos muestra una utilización muy bien realizada del pliegue limpio y agudo. Los giros agudos se hicieron llenando una muesca primero en el interior del pliegue para que el metal se cerrara formando el ángulo correcto al doblarlo con las tenazas.

Lección 28: Doblar metal en láminas para realizar anillos

Necesitará una tira de metal templado y un par de alicates de punta plana y semicircular. Este método se utiliza para formar un anillo.

1   Utilice un par de alicates de punta plana y semicircular y sujete la punta de la tira de metal templado con ellas. El lado curvo de los alicates formará el interior de la curva del anillo. Empuje el metal a lo largo de los alicates hasta que le haya dado forma de U.

2   Déle la vuelta al metal de manera que pueda sujetar la otra punta con los alicates y repita la acción al revés, llevando el segundo extremo a la forma de U hasta que se encuentre con el anterior.

3   Alinee los dos extremos hasta que queden bien juntos, empujándolos más allá del otro y luego volviéndolos a juntar. Suelde la junta (*véase* p. 74). Examine los dos lados de la junta: debería ver claramente la costura con la soldadura de plata.

4   Una vez soldado, ponga el anillo en un mandril y pique con una maza de madera o fibra hasta que sea redondo.

Lección 29: Doblar hilo de metal para hacer un aro

Para esta lección necesitará un trozo de hilo pequeño y redondo y un par de alicates de punta plana y redonda. Este método se puede utilizar para realizar una sola anilla.

1   Sujete un extremo del hilo con los alicates de punta plana y redonda. El diámetro interior de la anilla será un poco mayor que el diámetro exterior de la punta redonda de los alicates. Envuelva el otro extremo del hilo alrededor de los alicates para formar más que un círculo completo.

2   Saque el hilo de los alicates. Sujete el bucle en la astillera y corte el grosor de los dos extremos con una sierra de calar.

3   Cierre el círculo con dos pares de alicates planos, con un movimiento lateral.

Lección 30: Realizar ángulos

Para realizar un ángulo recto o un pliegue más agudo con plancha o hilo templado, necesitará un par de alicates planos y una lima triangular o cuadrada.

1 Marque con un lápiz o con una señal el lugar por donde doblará. Utilice la esquina de la lima para realizar un surco en el metal hasta llegar a la mitad del grosor del metal.

2 Sujete el metal, cerca del surco, con los alicates planos. Utilice el pulgar de la mano libre para empujar el otro lado del metal, suave pero firmemente, hasta formar un ángulo recto. Si quiere realizar más que un ángulo recto, haga el surco un poco más profundo. Cuando tenga el ángulo correcto y los lados se toquen ligeramente, suelde el surco para cerrarlo.

Lección 31: Realizar espirales

Utilice este método con hilo metálico de 1 mm o menos.

1 Necesitará un par de alicates redondos, o planos y redondos, y un trozo de hilo templado. Gire los alicates con un movimiento circular mientras sujeta el hilo con fuerza para empujarlo hacia el primer círculo pequeño.

2 Saque los alicates y vuelva a colocarlos más abajo del hilo mientras sigue curvando. Mantenga el hilo justo en la punta de los alicates, de modo que la espiral conserve el mismo ancho. Recorte la primera curva con la sierra.

UTILIZAR HERRAMIENTAS DE CURVAR

Mazas de madera o de plástico: Las mazas se utilizan para doblar los metales sin dejar marcas. Por ejemplo, un anillo soldado que ha de redondearse se coloca en un mandril de acero y se golpea con una maza hasta que tiene la forma correcta. La parte externa del anillo no quedará dañada por los golpes de la maza.

Punzones redondeados de madera para embutir: Si tiene un metal con un relieve o con textura al que quiere dar una forma embutida, utilice un embutidor de madera en el bloque metálico para embutir. La madera no estropeará la textura o el dibujo.

Martillos de acero: Los martillos de acero estiran y dan forma al metal, pero dejan marcas. Un martillo de acero con el canto limpio y pulido sólo deja marcas leves, pero un martillo redondeado, o cualquiera que tenga marcas en la cabeza, transferirá las marcas al metal más blando.

Yunques de acero: Los yunques se utilizan para sujetar y moldear el metal mientras lo trabajamos. Manténgalos limpios y pulidos para que no dejen marcas en el metal por debajo. Asegúrese de que el martillo que trabaja el metal por arriba no golpea nunca el yunque de metal; sólo debe golpear el metal que se trabaja.

Tornillo de mordazas protegidas: El tornillo de mordazas protegidas se fija normalmente al banco de trabajo y se puede utilizar para aguantar las hormas de acero sin dejarles marcas. Las mordazas están hechas de plástico o goma. Si sólo tiene acceso a un tornillo con las mordazas metálicas y serradas, puede realizar un par de protecciones con aluminio o cobre doblados en ángulo recto para adaptarse a cada ángulo.

VÉASE TAMBIÉN
Unidad 15: Templar, p. 58
Unidad 21: Soldar, p. 72
Unidad 23: Utilizar yunques, p. 82

PASADOR INTEGRAL
El cierre de este broche ha sido hábilmente incorporado al diseño de la pieza. El pasador, que se ha realizado doblando cuidadosamente con unos alicates redondos y planos, forma parte integrada del mismo.

DETALLE DE ZARCILLO
Aunque esta gargantilla no necesita cierre, al extremo se le ha dado un aspecto de zarcillo con unos simples pliegues hechos con alicates.

Unidad 19: Cortar

Aparte de la sierra de calar, existen otras maneras de cortar metal. La sierra es adecuada para cortar cualquier cosa a partir de una plancha o lámina de metal, porque es lo que deja el borde más limpio y resulta igual de rápido que tratar de aplanar y alisar el borde que deja la guillotina. Sin embargo, si tiene un trozo de hoja muy grande, especialmente si supera el milímetro de grosor, plantéese usar la guillotina. La plancha de metal también se puede cortar con una cizalla, con una de las asas sujeta a un tornillo de pie, de modo que se pueda apoyar en la otra para presionar sobre el metal y poder cortar una tira larga.

TENAZAS

Las tenazas se pueden utilizar para recortar los hilos de metal de los pendientes o cualquier otro hilo de metal que se haya soldado a través de un agujero. Están diseñadas para acercarse lo bastante, de manera que sólo dejen una pequeña coronilla que luego se puede limar. Se pueden usar también para marcar una pequeña hendidura alrededor del talle metálico de un pendiente.

Esta línea ayudará a que el cierre de mariposa se mantenga en su sitio.

Otras herramientas conocidas para cortar son los alicates, las tenazas, el *cutter*, las tijeras finas y las tijeras gruesas. Las tijeras de papel, obviamente, se utilizan para cortar papel y todo tipo de tejidos; el *cutter* resulta útil para cortar cartón, papel de oro y plata, goma, y también para retirar el exceso de resinas de *epoxy* cuando es necesario. Los alicates se pueden usar para cortar metal fino a lo largo, como el cobre, la hojalata, el oro y la plata en láminas. También se utilizan para cortar alambre de atar, soldaduras y otros hilos de metal delgados. En cualquier metal más grueso de 0,5 mm no lograrán hacer un corte limpio.

CORTAR HILO DE METAL
El hilo cortado con tenazas tiene siempre la punta apretada, que antes de utilizarse se debe limar para que quede plana.

VÉASE TAMBIÉN
Unidad 8: Herramientas básicas, p. 26
Unidad 21: Soldar, p. 72

Lección 32: Cortar trozos de soldadura de plata

La soldadura de plata se utiliza para soldar cobre y bronce, además de la plata. Se encuentra en forma de tiras delgadas o de hilo.

1 Aplane las tiras antes de cortar los trozos, también conocidos como *paillons*. Lo puede hacer usando un laminador o golpeándolas con un martillo. Deje una punta sin tocar y márquela con una señal identificativa: E para la soldadura de esmaltar, D de dura, M de media, B de blanda y XB de extra blanda.

2 Con unas tijeras, realice varios cortes a lo largo de la soldadura aplanada.

3 Como estos cortes empezarán a rizarse, enderécelos con unos alicates de punta plana.

4 Sujete la soldadura y con las tenazas, corte las tiras a través. Mantenga una mano debajo mientras corta para recoger todos los trocitos.

Lección 33: Cortar trozos de soldadura de oro

La soldadura de oro es más delgada que la de plata, de modo que no hace falta aplanarla a menos que se requieran trocitos muy delgados. Los fabricantes etiquetan la soldadura de oro según sus quilates.

1 Con unos alicates, corte un trozo de soldadura.

2 Con las tenazas, corte las tiras a través para obtener trocitos muy pequeños. (La soldadura de oro fluye mejor si se agrega en trozos pequeños y con frecuencia.) Guarde los trocitos en un recipiente de plástico, convenientemente etiquetado.

TROZOS DE SOLDADURA

Un trozo o *paillon* de soldadura es una hoja o trozo muy fino de metal, y en este contexto hace referencia a trocitos diminutos cortados de cualquier tipo de soldadura. Busque pequeños recipientes de plástico en los que pueda conservar los trozos de distintas soldaduras para tenerlos siempre a mano. Pegue una etiqueta en la tapa de cada recipiente y ponga el nombre del tipo de soldadura que contiene.

Unidad 20: Unir

Existen básicamente dos maneras de unir una pieza de metal a otra. Una es elaborar una junta mecánica, que permita los movimientos en una o dos direcciones. Podría realizarse con un remache, una tuerca, un gancho, una bisagra, una anilla o cualquier otra variación sobre el tema. La otra manera permanente de unir metales es soldarlos, un método que se comenta en la Unidad 21, página 72.

Los collares, cadenas, brazaletes y pendientes tienen a menudo uniones en movimiento. Esta unión es una parte integral de la pieza y debe formar parte de su diseño global. Hay que plantearse el movimiento que se le dará a la pieza. Por ejemplo, para que un collar se sienta confortable en el cuello, sus eslabones deben permitir el movimiento en dos direcciones.

GARGANTILLA REMACHADA
Esta sencilla pieza se envuelve alrededor del cuello de quien la lleva.

Lección 34: Usar anillas

Una manera muy extendida de unir eslabones son las anillas. Una anilla es un círculo de hilo que se puede ensartar a dos agujeros para unir dos piezas.

1   Para abrir la anilla, coja dos pares de alicates planos y sostenga uno en cada mano. Sujete una mitad de la anilla con el primer par y la otra mitad con el otro par.

2   Gire un par apartándolo ligeramente de usted y el otro ligeramente hacia usted. Este movimiento abrirá la anilla sin hacerle perder la forma circular.

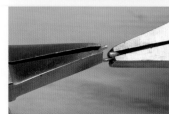

TIPOS DE UNIÓN PARA ESLABONES

REMACHES

El remache se utiliza para mantener piezas juntas sin soldar. Apriete un trozo pequeño de hilo a través de agujeritos similares en dos o tres piezas distintas. Lime las caras de arriba y de abajo hasta aplanarlas y luego golpéelas con un martillo para que se ensanchen (*véase* p. 102).

TUERCAS

Hay un juego especial para joyeros que permite usar hilos y tubos muy pequeños y hacer tuercas proporcionales a la pieza. El tamaño del hilo que se ajusta ha de ser mayor que el diámetro interno del tubo, pero menor que el externo.

3   Siga sosteniendo la anilla
    con unos alicates y ensarte
    dos eslabones en él. Ahora
    use los dos alicates para
    corregir el movimiento
    anterior y cerrar la anilla.
    Suelde la junta (*véase* p. 72).

TRUCOS PARA UNIR

Eslabones de prueba: Cuando realice eslabones para unir en un nuevo diseño, una buena idea es hacer primero un par de prueba (*véase* p. 22). Eso le dará toda la información sobre el movimiento de los eslabones, si son demasiado justos o no cuelgan bien, o si su aspecto es el que usted desea.

Juegue con las ideas: Unir eslabones con anillas y agujeros puede resultar un poco predecible. Trate de buscar una manera distinta y tal vez más interesante de usar el mismo principio.

Realice eslabones lo bastante fuertes: Asegúrese de que el hilo que utiliza para los eslabones es lo bastante fuerte para la pieza. Si es demasiado ligero para el peso de la cadena o collar, el círculo se deformará.

Realice óvalos: Para hacer una anilla oval, suelde la junta, luego sostenga las puntas de unos alicates de punta redonda dentro del aro. Abra los alicates suavemente de modo que el círculo se vaya deformando hasta ovalarse.

Suelde las anillas: Las anillas siempre tienen un acabado mejor si están soldadas. Si se asegura de que la junta está muy ajustada, tan sólo necesitará un trozo diminuto de soldadura para mantenerla cerrada. Si la soldadura es demasiado grande aparecerá como un grumo y deberá limarla.

VÉASE TAMBIÉN
Unidad 21: Soldar, p. 72
Unidad 27: Accesorios, p. 92

GANCHOS
Realice un gancho para cerrar una cadena o un collar, o para colgarles piezas adicionales, siempre y cuando no corran el riesgo de caerse cuando se lleva la joya. Por ejemplo, puede que quiera adjuntar un pequeño colgante a una cadena sencilla pero mantener la opción de llevar la cadena sola.

BISAGRAS
Las bisagras son adecuadas para unir dos piezas y que luego se puedan separar sin perder la línea integral. Piezas entrelazadas de tubo se sueldan alternativamente al borde de cada pieza y se unen con un hilo que pasa por dentro de todos los trozos del tubo.

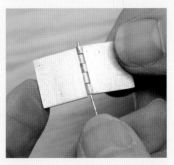

Unidad 21: Soldar

Una unión permanente entre piezas de metal se consigue soldándolas. La soldadura es una aleación del metal que se une e incluye un metal como el zinc para ayudar a reducir el punto de fusión. Una soldadura dura contiene menos aleación que una soldadura blanda, de modo que la soldadura dura no fluirá cuando la blanda se aplique en la misma pieza. Las distintas soldaduras y sus puntos de fusión se explican en la Unidad 9, página 34.

La soldadura debe fluir por debajo de la temperatura de fusión del metal, de modo que esto afecta al tipo de soldadura que utilizamos con los distintos metales. La soldadura necesita un medio para fluir: el fundente. El fundente puede ser en forma líquida, de polvo o en conos. Las formas secas se mezclan con un poco de agua para obtener una pasta; el líquido se aplica directamente.

Organice su zona de soldar en un rincón oscuro de su taller (*véase* p. 24). Tenga a mano una lámpara para poder ver dónde poner el fundente y la soldadura, pero apáguela cuando tenga la llama encendida. A medida que el metal se va calentando, cambia de color, y cuando la soldadura está a punto de fluir el metal brilla con fuerza. Si hay demasiada luz resulta imposible verlo.

Intente soldar todo lo que pueda con soldadura dura antes de empezar con la soldadura media o la blanda. Si utiliza la dura para varias uniones (después de utilizar la dura en la primera), pinte las juntas anteriores con un poco de fundente, porque eso dejará que la soldadura vuelva a fluir y no se queme, esto puede suceder cuando se calienta varias veces a altas temperaturas. Cuando la soldadura se quema, la junta aparece grumosa y la línea de soldado permanece oxidada más tiempo de lo previsto después de desoxidar.

PULSERA DE ESLABONES
Esta pulsera incorpora una variedad de cabujones que realzan las cadenas hechas a mano, soldadas a unos topes que forman el cierre.

DETALLE SOLDADO
La decoración en oro en la parte superior de este llamativo broche se ha soldado a su marco de plata curva. El panel central se ha colocado después de soldar.

PROYECTOS DE PRÁCTICA

Utilice esta técnica para realizar los pendientes decorados con hilo de oro; *véase* p. 132

VÉASE TAMBIÉN
Unidad 7: El banco de trabajo, p. 24
Unidad 9: Metales preciosos, p. 36
Unidad 18: Doblar, p. 66

Lección 35: Probar distintas soldaduras

Puede que en su banco de trabajo tenga tiras de soldadura no identificadas.
Realice esta sencilla prueba para averiguar qué es qué.

1 Encuentre una pequeña pieza de plata sobrante y píntele un punto de fundente para cada tira de soldadura que vaya a identificar (tres, en este caso).

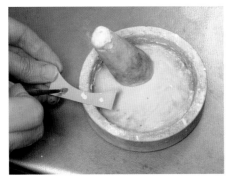

2 Coloque las piezas de soldadura que no sabe qué son en línea, de modo que luego las pueda identificar. Corte un trocito de cada una (*véase* p. 68) y colóquelas encima del fundente en el mismo orden.

3 Ahora introduzca el calor lentamente para dejar que el fundente se asiente y luego observe para ver en qué orden fluye cada trocito. ¡Eso sucede con bastante rapidez, así que esté muy atento! El que se funde primero es el que tiene la soldadura con el punto de fusión más bajo (blanda), y la dura será la última en fundirse.

TRUCOS PARA SOLDAR

Mantenga limpia la pieza: Lo que esté sucio u oxidado no se soldará.

Selle los poros: Entre las piezas no debe haber ningún poro. La soldadura fluye bien en espacios ajustados.

Utilice siempre fundente: La junta debe estar pintada con fundente para que la soldadura fluya correctamente.

Coloque la soldadura con cuidado: Los trocitos de soldadura se deben colocar directamente en una junta simple (desde atrás o desde delante) o bajo la junta a medida que se va asentando en el ladrillo de soldar. Cuando se suelda una pieza a la otra, los trocitos deben estar en contacto con ambas partes.

Aplique calor suficiente: A menudo, el motivo principal de que la soldadura no fluya es que la pieza no está lo bastante caliente. Una vez la junta ajuste bien, se haya aplicado el fundente y toda la pieza esté lo suficientemente caliente, la soldadura fluirá.

Soldar en una textura: Cuando se suelda una pieza como un engaste sobre una superficie texturizada, hay que colocar la soldadura dentro del objeto. Esto evitará que la soldadura se derrame y estropee la textura.

Soldar una pieza grande: Para soldar plata, la pieza entera debe calentarse hasta alcanzar la temperatura de soldado. Para una pieza grande, como un brazalete, haga un "horno" con ladrillos de soldar en la parte de atrás. Entonces el calor se puede distribuir de manera homogénea a ambos lados de la junta mientras que el resto del brazalete retendrá el calor necesario.

Lección 36: Soldar la unión de un anillo

Utilice esta técnica para realizar una soldadura limpia de un anillo. Mantenga la soldadura debajo o en el exterior de la unión. Cuando sea un anillo con la superficie texturizada, ponga la soldadura en el interior.

TRUCOS PARA SOLDAR II

Soldar anillas: Para soldar las anillas que se utilizan para unir los extremos de un collar, coloque dos pequeños fragmentos de mica a ambos lados de la anilla y por encima de las piezas acabadas del collar, y utilice una llama pequeña pero caliente para soldar el aro.

Desoxidar: Desoxide bien su pieza después de cada operación de soldado. Examínela con una lupa de 10 aumentos para comprobar que la junta está bien soldada. Vuelva a soldar si es necesario.

Soldar superficies planas: Para soldar superficies planas, coloque la superficie A boca abajo sobre el ladrillo de soldar y cúbrala con fundente. Coloque varios trozos de soldadura encima de la superficie y caliéntelos hasta que fluyan. Enfríe y desoxide. Sáquelos de la solución desoxidante, enjuague y seque, retire los grumos de soldadura de arriba con una lima plana. Pinte la superficie con fundente y póngala encima de la superficie B. Caliente las piezas, apuntando la llama hacia B, esté atento a la línea brillante de soldadura que aparecerá en los bordes de A. Puede que tenga que apretar ligeramente sobre A para eliminar aire atrapado o el exceso de fundente.

Templar: Para soldar una junta cuando una pieza ya se ha endurecido a base de manipularla, témplela primero. Si no está templada, la introducción del calor para soldar provocará que la junta se abra cuando el metal se relaje. En este caso le resultará imposible soldar la junta.

1 Corte una tira de metal y utilice un par de alicates semicirculares para juntar los extremos de la tira (*véase* p. 65). Los extremos deben estar paralelos, lo cual asegurará que se mantengan muy juntos. Moje el cono de bórax en agua y ráyelo un poco en la base de cerámica para obtener una pasta. Con un pincel, aplique un poco de pasta en la junta y a través de ella.

2 Vuelva a mojar el pincel en el bórax y levante un trocito de soldadura dura con la punta del mismo. Ponga el trocito de soldadura en el ladrillo de soldar.

3 Con la junta del anillo mirando hacia usted, coloque el centro de la junta sobre la soldadura.

4 Acerque la llama con cuidado y caliente todo el anillo, dejando que el fundente burbujee y luego se asiente. Aumente el calor hasta que el metal esté de color rojo intenso y la soldadura fluya por la junta: se verá como una línea resplandeciente. Deje que la línea se extienda a lo largo de la junta antes de retirar la llama.

PROYECTOS DE PRÁCTICA

Utilice esta técnica para realizar el anillo con cabujón engastado; *véase* p. 126.

Lección 37: Soldar pequeños accesorios a piezas más grandes

Los accesorios como las bisagras de los broches, pasadores, agujas de pendientes, bisagras de gemelos y cosas así, se sueldan generalmente al final, después de que todo lo demás esté montado, con soldadura blanda. Algunos accesorios se aguantarán en su posición de soldado, y otros, como hilos de pendientes, se colocan cuando la soldadura está líquida.

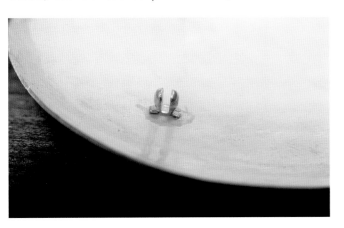

1 Para la aguja de un broche, coloque la pieza boca abajo sobre el ladrillo de soldar. Pinte una gotita de fundente donde tiene que ir el accesorio, coloque el accesorio encima del fundente y ponga un trocito de soldadura blanda a ambos lados del mismo. El trocito ha de tocar tanto el accesorio como la base a la que se suelda. Mantenga la llama fuera del accesorio calentando delicadamente un lado de la propia pieza. El calor se irá transmitiendo gradualmente al otro lado del accesorio. Cuando vea que la soldadura empieza a fluir, acerque cuidadosamente la llama a ese lado hasta que la soldadura esté acabada.

2 Cuando tenga que soldar un accesorio difícil de aguantar, como el hilo de un pendiente, pinte una gotita de fundente y coloque el trocito de soldadura blanda en el lugar en el que hay que soldar el hilo. Pinte un poco de fundente en la base del hilo y sosténgalo con un par de pinzas protectoras. Apoye el codo en la mesa de soldar y baje la aguja hasta encima de la pieza, usando el codo como bisagra.

3 Caliente la pieza hasta que fluya la soldadura. Baje el hilo de modo que quede justo encima de la unión y llévelo hasta la soldadura fundida. Aguántelo quieto hasta que vea que la soldadura fluye alrededor de su base y entonces aparte la llama mientras sostiene el hilo en su lugar. Deje enfriar unos segundos y luego desoxídelo.

PROYECTOS DE PRÁCTICA

Utilice esta técnica para realizar los gemelos de fundición; *véase* p. 129.

Unidad 22: Limar

Para eliminar el exceso de metal o de soldadura de una pieza con la que se trabaja, se utiliza una lima. Las limas son bastante específicas; usar las limas apropiadas en el orden correcto facilita mucho el trabajo. Realizar un uso óptimo de cada lima depende también de la manera de sostenerla y de moverla. Sujete la pieza que va a limar en la astillera o en el propio banco, porque la resistencia que esto ofrece incrementa la efectividad de la lima.

Las limas vienen normalmente sin mango de madera. Éstos se pueden adquirir por separado, si se desea, y se pueden ajustar en el extremo romo de la lima.

Para ajustar un mango, sostenga la lima con las mordazas del tornillo con el extremo hacia fuera. Coloque el mango de madera en la punta y use un mazo de madera para ensartarlo en la lima.

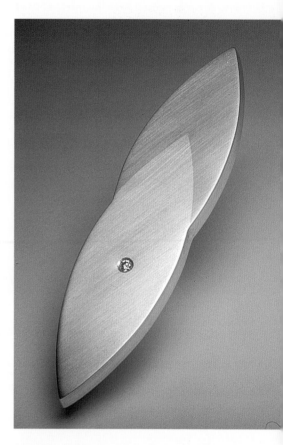

ACABADO LIMADO
Una lima fina, seguida de papeles húmedo y seco y, finalmente, de polvo pómez, se ha utilizado para acabar este estilizado y suave broche realizado en plata, oro de 18 quilates y un diamante.

PROYECTOS DE PRÁCTICA

Utilice esta técnica para realizar el broche circular; *véase* p. 136.

VÉASE TAMBIÉN
Unidad 24: Pulir y acabar una pieza, p. 84

Lección 38: Limar un canto recto

En realidad una lima sólo corta en una dirección. Cuando se lima una línea recta es mejor usar sólo el movimiento hacia delante como movimiento de corte. Mantenga la lima plana paralela a la pieza, cuidando de no dejarla caer en ningún extremo porque esto daría cantos redondeados o hundidos.

LIMAR EN LA ASTILLERA

1   De este trozo de plata se han sacado previamente algunos cortes, de modo que los bordes no están rectos. Para cortar una tira y realizar el aro de un anillo, el borde ha de estar fresco y liso, de modo que se pueda utilizar el compás para dibujar una línea paralela al mismo.

2   Coloque la plata en la astillera y utilice una lima grande y plana en el borde de modo que corra paralela al lado de la astillera.

3   Siga limando hasta que crea que el borde está recto. Levántelo a la luz con la lima pegada para comprobar si hay alguna muesca. Una vez tenga el borde bien liso, se puede utilizar para marcar la línea del aro (*véase* p. 54).

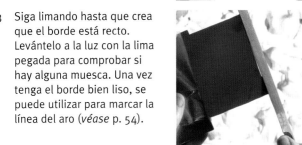

LIMAR EN EL TORNILLO

1   Utilice una escuadra para marcar la línea por la que quiere limar. Coloque la plata en las mordazas de un tornillo de banco y compruebe que la línea marcada es paralela a la línea del tornillo.

2   Sostenga una lima grande y plana con las dos manos y aplique un movimiento recto hacia delante para empezar a limar el borde. Tenga mucho cuidado de no dejar caer la lima al principio o al final del movimiento.

TRUCO PARA LIMPIAR LAS LIMAS

Después de un uso constante, las limas se pueden obstruir. Entonces se pueden limpiar con un "cepillo de limas". Hay limas especiales para cera, y como ésta puede resultar especialmente difícil de eliminar de una lima fina, si piensa trabajar con cera es importante tener uno de estos cepillos.

TRUCOS PARA LIMAR

Orden de limado: Utilice las limas en el orden correcto. Van de gruesas a finas. Cada vez que se pasa a una lima más fina, ésta elimina las rayas hechas por la anterior.

Tiempo: Limar puede requerir tiempo. Asegúrese primero que la zona que tiene que limar no se podría quitar con la sierra de calar, que es mucho más rápida.

Esquinas difíciles:
Un palo de fibra de vidrio se puede limar para que se ajuste a un rincón o zona en particular de difícil alcance. Se utiliza para limar zonas difíciles, como alrededor de engastes y entre hilos, y sencillamente se frota por la superficie.

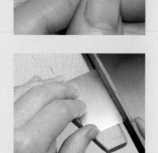

Usar un borde recto: : Es muy fácil que al principio o al final del gesto de limar se hunda la lima. Para evitarlo cuando se lima una línea recta, sujete la pieza de modo que el borde de la astillera o del banco quede paralelo a la línea que está limando.

Usar el tornillo: Las piezas que hay que limar en línea recta se pueden sujetar en las mordazas del tornillo. Sostenga la lima plana con las dos manos y muévala hacia delante. Manteniéndola paralela a la parte de arriba del tornillo. Levántela antes de volver a limar hacia delante.

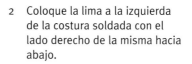

Guardar las limaduras: Recoja las limaduras de cobre, plata y oro por separado. Las de oro son las más valiosas, de modo que asegúrese de que las guarda con cuidado. Lleve las limaduras de oro y plata a una refinería.

Lección 39: Limar el interior de una curva

Para limar en el interior de un anillo, aro o brazalete, utilice una lima semicircular o bien ovalada. El tamaño de la lima depende del tamaño de la pieza; para un anillo será bastante pequeña; para un brazalete, más grande. Pero si, por ejemplo, en el interior de un anillo se ha acumulado mucho exceso de soldadura, utilice primero una lima grande para eliminar la mayor parte y luego pase a otra más pequeña.

1 Si el interior del anillo está limpio, la parte que tendrá que limar será la junta soldada. Sostenga el anillo en la astillera de modo que pueda pasar la lima por dentro.

2 Coloque la lima a la izquierda de la costura soldada con el lado derecho de la misma hacia abajo.

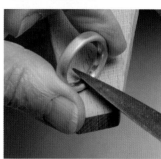

3 Pase la lima a través del anillo por encima de la costura, girándola gradualmente para que el gesto acabe en la parte derecha de la costura, con la parte izquierda de la lima inclinada hacia abajo. Repita el movimiento. Déle la vuelta al anillo y lime el otro lado de la misma manera.

UTILIZAR LIMAS DE DISTINTAS FORMAS

Las limas de distintas formas son adecuadas para aplicaciones, tamaños de pieza y niveles de acabado diferentes que necesite. La lima que elija dependerá también de si se está limando el interior o el exterior de una pieza curva.

Curvas perforadas: Para una curva perforada con un borde que se curva hacia dentro y hacia fuera, necesitará tanto una pequeña lima plana como una ovalada o semicircular. El borde tendrá las marcas dejadas por la sierra, que se pueden eliminar con la lima.

Curvas interiores: En la curva que entra en la pieza, use una lima ovalada o semicircular, con los mismos gestos que haría en el interior de un anillo (véase la fotografía de al lado).

Curvas exteriores: Para la curva hacia fuera, utilice una pequeña lima plana y con un gesto firme hasta que no pueda alcanzar la siguiente curva interior.

Bordes circulares: Para limar el borde de un círculo cortado utilice siempre una lima plana. Así puede ir trabajando por una línea marcada.

Bordes en ángulo: Para limar un canto recto, sostenga una lima plana a un ángulo de 45º contra el borde de la pieza y aplique un gesto suave hacia delante para obtener un borde liso.

Pliegue hacia dentro: Utilice una lima triangular para alcanzar zonas pequeñas que precisan limarse y para ayudar a crear un pliegue en el hilo o en una hoja de metal. Lime un surco justo hasta la mitad del grosor del metal y luego dóblelo cuidadosamente hacia arriba hasta formar el ángulo deseado.

Ángulos rectos: Con una lima cuadrada. También puede usarla como la lima triangular con el fin de hacer el surco para doblar un ángulo recto.

Surcos y agujeros: Para limar un surco curvo para un tubo o para ayudar a abrir un agujero redondo utilice una lima redonda. Trate de no limar un surco indeseado cuando esté limando un agujero.

Unidad 23: Utilizar yunques

Un yunque es una forma sólida de madera, plástico o metal que se utiliza para estirar y dar forma tridimensional al metal. El metal templado se puede doblar o moldear alrededor de un yunque a mano o con una maza o martillo. Los yunques varían, desde los que se usan para objetos grandes, como teteras, cuencos o vajillas, hasta piezas mucho más pequeñas de joyería como anillos, brazaletes y collares.

Para que un yunque sea efectivo se utiliza un martillo para estirar y doblar el metal encima de él. Estas herramientas se deben mantener lo más limpias posible. Recuerde que cualquier marca que deje el martillo en la superficie del yunque se trasladará al metal más blando que se trabaje encima. A veces, un viejo yunque grande es lo más indicado para darle una textura interesante a un metal blando, pero en general es mejor mantener la superficie lo más lisa posible.

La cabeza del martillo o maza utilizados ha de mantener un contacto firme y directo con el metal, y éste se debe sujetar plano sobre el yunque, de modo que haya una línea directa de contacto entre martillo, metal y yunque.

YUNQUES

Un yunque tiene una superficie de metal plana y una protuberancia cónica. Los hay de muchos tamaños distintos. Resulta útil tener uno, grande, relativamente pesado, fijado a un pie de madera, además de uno muy pequeño que tendremos en el banco y que será útil para todo tipo de pequeñas operaciones de aplanado y moldeado.

COLGANTE Y PENDIENTES

Este colgante de plata y estos pendientes de formas curvas tridimensionales se han realizado con yunque y martillo.

UTILIZAR HORMAS Y YUNQUES

Sujeción del yunque: Asegúrese de que el yunque está sujeto con firmeza por su pie en una peana (fijada al banco) o en el tornillo, o que su pie está metido en un surco del banco o en una peana de madera en el suelo. Si el yunque no tiene pie, envuélvalo con un poco de cinta adhesiva o con un trapo y fíjelo a las mordazas del tornillo.

Cuidar los yunques: Mantenga los yunques lustrados, limpios y secos. Seque siempre el metal totalmente antes de colocarlo en el yunque, porque cualquier resto de humedad pasará al yunque y si no se seca de inmediato puede dejar marcas de óxido. Si un yunque empieza a estar apagado y arañado, puede utilizar papel húmedo y seco para eliminar las marcas y luego pulirlo con pulidor *hyfin*. Cuando no lo utilice, una capa fina de aceite protegerá su superficie de la humedad.

Moldear un anillo: Otro nombre para el mandril circular es lastra para anillos. Para dar la forma circular al anillo una vez soldado, lo secamos y luego lo ponemos alrededor de la horma a mano, empujándolo hasta el tope. Utilizamos una maza de madera, que no deja marcas en el exterior del anillo, para dar al anillo la forma del mandril.

Moldear una curva: El metal seguirá la forma de un yunque si tiene contacto directo con el mismo. Por ejemplo, si tiene un tramo plano de metal y sujeta el extremo sobre la parte cónica del yunque y lo golpea suavemente con el martillo, empezará a adoptar la misma curvatura. Luego se puede continuar la curva apoyando el tramo de metal alrededor del cono y golpeándolo por donde hace contacto.

Usar una horma: Para hacer muchas anillas del mismo tamaño, enrolle hilo alrededor de una horma de metal. Se trata de un bastón del diámetro apropiado, uno de cuyos extremos se sujetará en el tornillo para que el hilo se pueda enrollar por el tramo que sobresale.

VÉASE TAMBIÉN
Unidad 25: Abombar y realizar cilindros, p. 88
Unidad 29: Trabajar con el martillo, p. 101

Lección 40: Realizar un anillo grueso

Cuando se trata de hacer un anillo usando hilo redondo grueso, hay que tener en cuenta que el hilo de más de 3 mm de diámetro es muy difícil de doblar a la forma circular con alicates, porque éstos pueden dejar marcas profundas en el metal. Sin embargo, si utiliza una horma para ayudar a doblar el metal, verá que puede realizar anillos con hilo grueso con bastante facilidad.

1 Corte el trozo de hilo necesario y témplelo. Coloque una horma cilíndrica horizontal en las mordazas del tornillo, alineada con el borde superior. Sostenga el hilo verticalmente y sujete uno de los extremos entre la horma y el tornillo.

2 Ajuste bien el tornillo y, con las manos detrás del hilo, empújelo por encima de la horma hasta que toque la parte frontal del tornillo. Utilice una maza de madera para acabar de doblarlo.

3 Saque el hilo y sujete el otro extremo entre el tornillo y la horma. Doble el hilo todo lo que pueda por encima de la horma. Saque la horma del tornillo y junte los dos extremos curvos del hilo apretando el tornillo alrededor del anillo hasta que las dos puntas se toquen.

4 Cuando saque el anillo del tornillo, los dos extremos se separarán. Como han de estar juntos para soldarlos, necesitará sujetar una mitad del anillo en el lado del tornillo.

5 Con un par de alicates paralelos, sostenga la otra mitad y haga fuerza hacia usted, después empuje hacia el tornillo, más allá de la otra mitad.

6 Ahora tire un poco hacia atrás y empuje ligeramente en dirección opuesta a usted para juntar los dos extremos.

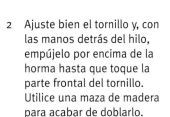
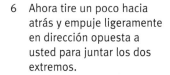

Lección 41: Realizar una semiesfera

Hay distintas maneras de hacer una semiesfera o cúpula. Las más pequeñas se hacen usando el dado para embutir, con punzones de ahuecado metálicos o de madera (*véase* Unidad 25, p. 88). Las más grandes se pueden realizar con un bloque de madera de pie. Las semiesferas se pueden hacer también con un martillo y una horma de metal, como se muestra aquí.

1   Coja un círculo de metal de un grosor aproximado de 0,7 mm y un diámetro de 5 cm. Témplelo y desoxídelo (*véase* p. 58). Sujete una horma curva en el tornillo y coloque el borde externo del círculo de metal coincidiendo con el lado en pendiente de la horma.

2   Con la cara plana de un martillo limpio de aplanar o de moldear haga una línea de contacto directa encima del metal y de la horma, gire el borde lentamente alrededor de la horma y, mientras, vaya golpeando el metal a medida que lo mueve.

3   Cuando haya dado toda la vuelta a la pieza, bájela para que la zona contraria (justo de debajo) pueda trabajarse ahora de la misma forma. Siga hasta que aparezca la forma de cúpula. Ahora deberá templar el metal. Luego se puede volver a colocar sobre la horma para comprobar la forma. Golpee un poco más con el martillo sobre la horma del mismo modo.

CÍRCULO DE SEMIESFERAS

Los círculos semiesféricos son el motivo de este collar. Las semiesferas menores han sido moldeadas con un martillo de bola, y las más grandes llevan una onda contrastada de oro de muchos quilates.

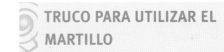

TRUCO PARA UTILIZAR EL MARTILLO

Golpear con martillo de metal encima de la horma de seta (como la que aquí mostramos) endurecerá rápidamente el metal. Si desea moldear el metal más profundamente, utilice una maza de madera.

Unidad 24: Pulir y acabar una pieza

Existe siempre interés para dar acabados distintos y originales a la joyería de metal. La plata y el oro pueden tener un aspecto maravilloso cuando se les da un acabado satinado o mate, aunque lograr ese aspecto lleva prácticamente el mismo tiempo que darle un acabado reluciente. El pulido y acabado de calidad es un aspecto todavía muy aceptado y tradicional.

TRUCOS PARA ELIMINAR LAS ESCAMAS DE FUEGO

Pulir: Las escamas de fuego en una pieza relativamente gruesa se pueden eliminar puliendo. Una pasta de pulir trípoli o verde general se abrirá camino por entre la capa gris hasta dejar una superficie totalmente limpia.

Limar o moler: Las escamas grises que se encuentran en la plata esterlina se pueden eliminar limando o moliendo la superficie con mucho cuidado.

Piedra de Ayr: Es una piedra sólida muy fina originaria de la localidad escocesa de Ayr. Sumerja la piedra en agua y frótela como una pasta encima de las escamas de fuego. Retire la pasta con un trapo húmedo para ver si la mancha ha desaparecido. Siga frotando hasta que haya desaparecido.

Sacar la plata a la superficie: Si la plata tiene un acabado texturizado, probablemente no haya necesidad de pulirla. Haga aflorar la plata a la superficie como forma alternativa de eliminar las manchas de fuego. Caliente la plata hasta la temperatura de templado (*véase* p. 59). Enfríe y desoxide al menos tres veces. Ahora cepille la plata ligeramente con un cepillo de latón suave y húmedo o con un estropajo de acero muy fino y jabón líquido. Enjuague y seque la pieza. Repita la operación tres o cuatro veces para ir sacando la capa de plata hasta la superficie.

Protección: Mezcle polvos protectores antioxidantes para elaborar una pasta y pinte con ellos la plata antes de templar o soldar por primera vez. No pinte demasiado cerca de la línea de soldado y deje una rendija entre el fundente y la pasta antioxidante. Esto es para mantener la soldadura dentro de la zona del fundente. Vuelva a aplicar cada vez que temple o suelde.

Baño de plata: Cuando una pieza está acabada, si sigue teniendo escamas de fuego, se puede bañar toda en plata. Eso lo suele realizar un especialista puesto que los ingredientes para el baño contienen cianuro y deben manipularse con muchísima precaución.

Buena parte del proceso de pulir y acabar una pieza tiene que ver con darle una superficie de calidad al metal y, en muchos casos, eliminar la presencia de escamas de fuego. Lo básico que hay que recordar es que cuando se elimina una raya, se sustituye siempre por otra más fina. La idea es ir trabajando hasta que la superficie quede casi como un espejo.

La escama de fuego es como se conoce la oxidación de la plata, provocada por su contenido en cobre. Cuando el cobre se calienta, se oxida, se vuelve negro y forma manchas en forma de escama. En consecuencia, cuando la plata estándar (75 partes de cobre por 925 partes de plata) se calienta, el contenido en cobre se oxida y vuelve negro el metal. Si la plata luego se desoxida, pierde la negrura y se vuelve bastante blanca (*véase* p. 61). Con los templados y desoxidaciones posteriores, la plata se va volviendo cada vez menos negra hasta que no se oxida en absoluto.

Esto se debe a que el cobre se va eliminando de la superficie paulatinamente. Pero si la pieza se calienta demasiado, la fina capa de plata que aflora cada vez que se desoxida se quemará y volverá a ocurrir la oxidación.

La fina capa de plata también se puede recuperar limando y puliendo. Eso significa que, después de darle a su pieza un pulido final, puede que advierta algunas manchas apagadas, o que la pieza esté totalmente cubierta por una mancha de fuego y tener sólo brillantes los bordes.

PULIR CON EL MOTOR COLGANTE
Puede encajar herramientas de pequeño diámetro al motor colgante para pulir delicadamente los detalles más diminutos.

HERRAMIENTAS DE PULIDO Y ACABADO

Para lograr un buen acabado, mate o brillante, deberemos haber eliminado todas las rayas de la pieza. Eso se puede hacer con pequeños instrumentos manuales o con instrumentos abrasivos con el motor colgante. Se deben aplicar con orden de abrasión descendente, de manera que cada nueva herramienta o papel elimine las rayas hechas por la anterior. Tenga cuidado cuando utilice herramientas abrasivas con el motor para limpiar una superficie plana: por el pequeño diámetro de la herramienta, puede provocar surcos en la superficie en vez de dejarla bella y pulida.

Bastoncillos de esmeril: Hágase unos bastoncillos de esmeril con papel húmedo y seco de distintos grados envueltos en palos de madera. Utilice cinta adhesiva de doble cara para pegar el papel a los palos. Serán muy útiles a la hora de preparar superficies planas para pulir.

Bruñidor de acero: Utilice un bruñidor de acero para pulir los bordes de los engastes y para dar un brillo fantástico a cualquier borde acabado. Aplíquelo frotando por el metal y presionando con firmeza.

Hilos pulidores: Resulta muy útil tener hilos pulidores colgados cerca del banco de trabajo. Aplique pasta de pulir a la cuerda con un poco de gasolina de mechero o con parafina y agrupe unos cuantos hilos; páselos por el interior de agujeros muy pequeños para limpiar y pulir su interior.

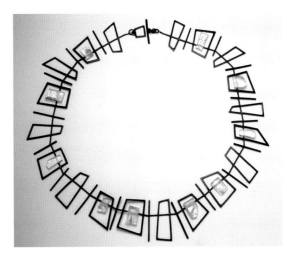

ACABADO OXIDADO

Este collar de plata ha sido oxidado para que tenga un aspecto negro característico. El metal templado fue pintado con una solución de etanol y éter, y luego se enceró. Las piedras de colores aportan un bonito contraste al metal negro.

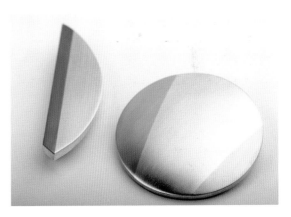

ACABADO MATE EN DOS TONOS

Estos broches llevan un acabado mate que hace que los metales contrastados queden bien emparejados. Cualquier mancha de fuego se habría retirado antes del acabado final con papeles húmedos y secos y polvo de pómez.

Lección 42: Acabar a mano un anillo plano

Mediante un uso correcto de limas, papeles de lijar y gamuzas de pulir, se puede conseguir manualmente un acabado muy bueno. Hay disponibles muchos elementos distintos para el acabado. Algunos son para metales concretos como el platino, y usted acabará encontrando el método más adecuado para su trabajo.

1 La tira de plata ya ha sido soldada. Retire cualquier exceso de soldadura con una lima plana por el exterior y una ovalada en el interior.

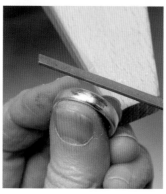

2 Siga limando hasta que ya no pueda ver la junta soldada. Cuide de no limar el grosor del propio anillo, puesto que eso estropearía su aspecto general una vez acabado.

3 Ponga el anillo en la astillera. Utilice una lima plana por todo su exterior. Verá que los bordes son los primeros en recoger la lima, así que siga limando hasta que la superficie quede totalmente alisada por la lima. Luego use una lima ovalada para la cara interna.

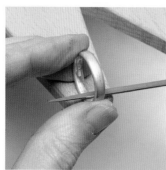

4 Con un poco de papel húmedo y seco de grado 240, pegado a un bastoncillo de madera para realizar un bastón de lijar, trabaje el exterior y el interior para eliminar cualquier marca dejada por las limas. Siga con los papeles húmedo y seco, pasando del grado 400 al 600 y 1200, hasta que las superficies estén lisas y relucientes.

5 Ahora utilice una gamuza de pulir o un limpiador líquido para pulir realmente el metal. Sujete la gamuza al tornillo del banco y póngala bien tirante. Pase el anillo por el paño y frote con fuerza a lo largo del mismo.

PROYECTOS DE PRÁCTICA

Utilice esta técnica para realizar el anillo con cabujón engastado; p. 126

Lección 43: Pulir a máquina un anillo plano

Una máquina de pulir es un artículo caro para empezar, y hay otras maneras de conseguir un buen acabado, de modo que no se precipite a comprarlo. El primer pulido con la máquina es el más grueso, y el último pulido le da el brillo final.

1   Antes de empezar a pulir, siga los pasos 1 a 4 de la lección 42. Sujete el brazo de la máquina de pulir y enrosque el rollo de percal al final del eje. Si es un rollo nuevo, siga las instrucciones de la derecha antes de usarlo. Piense en el rollo como si fuera un reloj: las 12 es la parte de arriba. Sostenga la pieza con las dos manos entre las 4 y las 5 (debe tener las 3 enfrente y las 6 abajo).

PREPARAR LA RUEDA DE PERCAL

Prepare la rueda de percal quemando cualquier pieza suelta de algodón con un mechero. Luego colóquela en el eje de la máquina y póngala en marcha. Mientras rueda, sostenga el asa metálica de una lima horizontalmente contra la rueda y acabe de sacar cualquier cabo suelto.

2   Impregne el rollo de percal con pasta de pulir sosteniendo la barra entre las 4 y las 5 y empujándola abajo y hacia delante.

3   Cuando pula un anillo estará aguantando un círculo contra otro para que se toquen por un punto, de modo que deberá ir girando el anillo para que toda su superficie tenga contacto con el percal. Los bordes del anillo se pulen sujetándolo a través de la rueda, para ponerlos en contacto directo con la misma.

NORMAS DE SEGURIDAD PARA LA MÁQUINA DE PULIR

La máquina de pulir puede ser peligrosa, de modo que es básico asegurarse de que:
• No tiene mangas sueltas, cabellos largos, cadenas o pulseras que podrían quedarle atrapados en la rueda en movimiento.
• Sabe como accionar el botón de puesta en marcha/apagado.
• No está distraído mientras utiliza la máquina.

Lleve siempre los ojos protegidos y asegúrese de que la máquina tiene un aspirador de polvo anexo para recoger las finas partículas de material.

Unidad 25: Embutir y realizar cilindros

Intente dar formas útiles e interesantes al metal con los bloques de embutir y de hacer cilindros. Una semiesfera pequeña y perfectamente moldeada sirve de base para muchos objetos de joyería. Se pueden soldar dos juntas para hacer una esfera y siempre son bonitas con una pequeña piedra montada en el centro.

VÉASE TAMBIÉN
Unidad 15: Templar, p. 58
Unidad 23: Utilizar yunques, p. 80
Unidad 29: Trabajar con el martillo, p. 101

TRUCOS PARA EMBUTIR Y HACER CÍRCULOS

Embutidores y bloque o dados de embutir: Mantenga los embutidores limpios y sin marcas, y examine los bloques de embutir y la estampa de acero para asegurarse de que no hay nada en el fondo de las curvas, lo cual dejaría marcas en cualquier metal que queramos moldear.

Textura: Déle la textura al metal antes de abombarlo o convertirlo en cilindro. Es imposible dar textura una vez se ha dado el volumen. Cuando se moldee una pieza texturizada, utilice un embutidor de madera porque no marcará ni aplanará el dibujo de la textura.

Tamaño: Un círculo de metal que se quiere abombar no debe ser mayor que el agujero más grande del bloque. Si trata de meter una pieza más grande de metal en una curva menor, hará marcas en los lados que entren en contacto con los bordes del bloque.

Mazas: La parte superior de un embutidor metálico puede golpearse con un martillo de metal, pero cuando se use el lado de un embutidor en un bloque de hacer cilindros, pegue sólo con una maza de madera.

Templar: El metal de hasta 3 mm de grosor se moldeará con relativa facilidad en el bloque de embutir, pero sólo si ha sido debidamente templado.

Un juego de embutidores de acero y un bloque de embutir pueden resultar caros, de modo que para empezar elija un juego de embutidores de madera y un bloque de latón porque le ayudarán a hacer satisfactoriamente la mayor parte de sus tareas. Otros tipos de embutidores y de bloques darán formas ovaladas, triangulares y rectangulares, todas ellas adiciones interesantes a sus diseños.

Lección 44: Realizar una semiesfera

Es posible levantar formas semiesféricas y curvas a mano, simplemente con la maza y una horma, pero un bloque de abombar y un punzón lo convierten en un trabajo mucho más limpio y rápido.

1 Marque un círculo de 15 mm de diámetro en una plancha de metal de 1 mm de grosor con la ayuda de una plantilla de plástico y un marcador.

2 Recorte el círculo, manteniendo la segueta justo fuera de la línea marcada.

3   Temple, enfríe y desoxide el círculo. Séquelo bien y luego colóquelo en el bloque de embutir, dentro de una curva que sea ligeramente mayor que su circunferencia.

4   Busque el embutidor de metal o de madera que se ajusta al agujero elegido. Coloque el extremo redondeado del mismo en el centro del círculo de metal.

5   Con una maza de madera o un martillo de cabeza plana, golpee secamente el embutidor para empujar el círculo dentro de la curva. Utilice el embutidor con el martillo hasta obtener una forma homogénea de cúpula.

TRUCO PARA REALIZAR UNA CÚPULA

Para realizar una cúpula más allá de la semiesfera, coloque la forma en un hueco menor y, con un embutidor más pequeño, vuelva a golpearla. Trabaje con el embutidor desde los lados hasta el centro, hasta que la forma empiece a cerrarse. Puede que tenga que seguir colocándola en huecos más pequeños hasta obtener la forma deseada, templando de vez en cuando si es preciso.

Lección 45: Realizar tubos

Una estampa de acero tiene hendiduras de distintas formas con embutidores aparejados. Una estampa sencilla tiene cuatro hendiduras redondas, que se pueden utilizar con los mangos redondos de los punzones para empezar a realizar tubos. Otros tipos de estampas tienen formas triangulares, rectangulares y cuadradas.

1   Corte una tira de plancha de plata y témplela. Busque la curva de la estampa en la que la tira se pueda meter. Coloque una horma redonda longitudinal encima de la tira y utilice una maza de madera para golpear y meterla en la curva.

2   Ahora coloque el metal en la siguiente hendidura menor y repita el proceso, templando antes si es necesario. Las hormas deberán escogerse más pequeñas a medida que la curva decrece.

3   Cuando el metal empiece a cerrarse alrededor de la horma, sáquelo de la estampa y colóquelo sobre una superficie plana. Golpee el metal suavemente por encima de la horma para cerrarlo. Puede que tenga que utilizar una horma ligeramente más pequeña para poder cerrar la junta. Ahora ya puede soldar la junta del tubo (*véase* p. 74).

Unidad 26: Agujerear

Existen varios métodos distintos de hacer agujeros en el metal. Normalmente, en joyería, los agujeros son muy pequeños –por debajo de una broca de 2 mm–, y cuanto más pequeña es una broca, más cara. Defina bien el lugar a perforar antes de empezar a trabajar, para evitar que la broca resbale, lo cual rayaría la superficie del metal y podría incluso provocar su rotura.

TRUCOS DE PERFORACIÓN

Tenga brocas de sobra: Compre más de una broca del tamaño que necesita; no hay nada más exasperante que se le rompa la única que tenía de ese tamaño.

Aplane las curvas: En una superficie curva, utilice una lima plana para realizar una pequeña área llana antes de marcar el punto a perforar.

Abra los agujeros gradualmente: Use lubricantes, como el aceite, en la broca. Eso la mantendrá afilada y evitará que se caliente demasiado. Utilice una broca pequeña para empezar y aumente el tamaño gradualmente hasta lograr el diámetro deseado.

Sujete el taladro hacia arriba: Mantenga el taladro a un ángulo de 90º del metal.

Retire el polvo de metal: Cuando haga un agujero profundo, gire el taladro en la dirección opuesta de vez en cuando para sacar el polvo de metal. La acumulación de metal puede provocar la rotura de la broca.

Retire los trozos de broca rota: Si la broca se rompiera dentro del metal, haga otro agujero cerca para poder alcanzar el trozo roto con una sierra o una punta afilada y sacarlo. Si no lo saca, provocaría problemas al desoxidar y devaluaría la pieza.

Avellanar agujeros: Para suavizar los bordes afilados de los agujeros, coja una broca más grande y gírela suavemente con la mano para avellanar el agujero.

PIEDRAS PERFORADAS
Las piedras de este brazalete fueron agujereadas con un perforador de diamantes.

Tipos de taladro

Existen distintos tipos de taladro en el mercado, cada uno de ellos con una función específica.

PEQUEÑO TALADRO MANUAL
Se utiliza para realizar agujeros diminutos. Se puede hacer girar rápida o lentamente. La broca ha de ajustarse al portabrocas casi hasta el borde de cortar. Sujételo vertical a 90º de la pieza con la parte de arriba apoyada en la palma de la mano, y aplique una presión suave hacia abajo mientras lo gira a través del metal.

VÉASE TAMBIÉN
Unidad 14: Perforar, p. 52

TALADRO DE ARQUÍMEDES

Un taladro de Arquímedes es una herramienta manual que funciona mediante el suave movimiento arriba y abajo sobre una barra horizontal. Sostenga la barra con una mano, enrollando hasta que quede arriba de todo del taladro. Deje que la barra baje y suba para abrir un agujero en la pieza de metal.

TALADRO DE MADERA

Un taladro de madera es útil para realizar agujeros un poco más grandes. Al requerir las dos manos, el metal o madera debe sujetarse bien, en el tornillo o pegado a una superficie de madera. Una de sus principales aplicaciones en el taller de joyería es retorcer hilo metálico, como aquí se muestra.

MOTOR COLGANTE

Un motor colgante tiene muchas aplicaciones. Para agujerear, insértele una broca del tamaño adecuado y mantenga el asta totalmente perpendicular con una mano, mientras la otra mantiene la pieza inmóvil. Asegúrese de que sujeta la pieza sobre una superficie flexible, como la madera, para que la broca no se dañe y penetre en el metal.

Lección 46: Usar un pequeño taladro manual

Empiece siempre con una broca pequeña y vaya abriendo gradualmente el agujero hasta el tamaño mayor: en este caso, 3 mm. De esta manera, la ubicación es más fácil y la obertura será más certera. Utilizar la broca del tamaño indicado en primer lugar tiende a hacer el agujero demasiado grande.

1   Golpee un punzón afilado con un martillo de bola en el lugar en el que querría hacer el agujero. Hágalo encima de un bloque o lámina de acero. Inserte una broca de 1 mm en el portabrocas del taladro manual. Debe ajustarlo bien apretado para que no se deslice al hacerlo rodar. Si es preciso, sujete el mango del taladro a las mordazas del tornillo y apriete el extremo con un par de tenazas.

2   Sujete la parte de arriba del taladro en la palma de la mano y empiece a girarlo. Manténgalo en ángulo recto respecto a la pieza y aplique un poco de presión para asegurarse de que el taladro empieza a actuar. Si presiona demasiado, podría provocar la rotura de la broca. Continúe hasta que haya hecho todo el agujero, sacándolo de vez en cuando para limpiar el hueco. Luego ponga la broca de 2 mm y repita todo el proceso. Siga aumentando la broca hasta obtener un agujero de 3 mm.

VÉASE TAMBIÉN
Unidad 20: Unir, p. 70

Unidad 27: Accesorios

Los accesorios son los mecanismos que permiten atar o cerrar las piezas de joyería para que la persona las lleve con comodidad. Hay muchos diseños de accesorios establecidos, pero resulta siempre interesante crear un mecanismo exclusivo para una pieza. Pruebe ideas nuevas para encontrar las mejores soluciones. Hay muchos tipos de cierres que se pueden comprar en distribuidores y, en este caso, ya sólo falta colocarlos.

Cuando diseñe los accesorios para una pieza de joyería, hágase tres preguntas: primero, ¿para qué es el accesorio? Por ejemplo, podría ser el cierre de algún tipo de aguja. Segundo, ¿dónde se colocará el accesorio? Puede que vaya oculto, o que forme parte del aspecto de la joya; y, finalmente, ¿es el peso del accesorio proporcional al peso de la joya? Ha de ser lo bastante fuerte para aguantarla, pero también ha de tener el aspecto adecuado.

PASADOR DE UÑA DECORADO
Aquí, la idea de un simple pasador de uña ha sido convertida en una bella pieza central, a pesar de que se llevará en la nuca.

ARCHIVO DE ACCESORIOS

Collares:
pasador cuadrado, cierre de mosquetón, pasador de aro, bucle en S, gancho, bucle y barra en T.

Cadenas:
pasador de aro, cierre de mosquetón, anilla, bucle y barra en T.

Gemelos:
cadena, barra en T, bisagras.

Brazaletes:
pasador cuadrado, bucle y barra en T, bisagra y aguja, gancho en S.

Pendientes:
Ganchos, aros, clips, hilo.

Colgantes:
gancho, bucle, barra, tubo.

Broches:
bisagra y pasador con aguja, tubo en tubo, pasador de aguja.

ACCESORIO MULTIUSO
Este cierre detallado tiene dos utilidades: es una manera de atar la cadena y proporciona una interesante decoración central. La cadena se podría también llevar suelta, con el aro y la barra colgando a cada extremo.

Lección 47: Realizar un bucle en S

Un bucle en S es una manera sencilla y efectiva de cerrar una cadena o collar. Utilice hilo de metal redondo que sea adecuado al tamaño de la pieza y haya sido templado (*véase* p. 59).

1 Corte un trozo de hilo de metal más largo de lo necesario, o trabaje con el extremo de un rollo de hilo. Afile el extremo para que acabe en punta. Empiécela a unos 10 mm desde la punta, de manera que se reduzca gradualmente, y asegúrese de que no quede demasiado afilada.

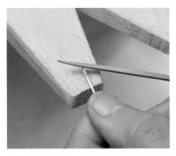

2 Utilice un par de alicates semicirculares para realizar una curvatura ligera hacia fuera por la punta.

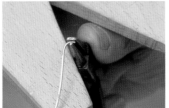

3 Utilice las tenazas semicirculares para sujetar el hilo a unos 20 mm de la punta y haga la primera parte de la S. Baje el hilo más allá de la punta. Con un compás, mida la distancia desde la punta hasta la primera S. Marque esa distancia en el hilo que sobrepasa de la punta con un rotulador.

4 Con los alicates semicirculares haga un bucle equivalente en el otro extremo desde la primera curva y vuelva a subir el hilo más allá de la punta.

5 Corte el hilo de manera que los dos extremos acaben tocándose. Lime el segundo extremo hasta que quede similar al primero. Realice una pequeña curva hacia fuera con los alicates semicirculares igual que la primera.

6 La primera S se mete en un extremo de la cadena y normalmente se suelda por donde toca la punta. El otro extremo se abre ligeramente para que pueda pasársele una anilla o gancho del otro lado de la cadena. Para hacer que la S sea flexible, golpee suavemente ambos extremos con un martillo sobre un pequeño yunque una vez soldado.

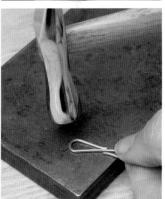

TRUCO PARA ACABAR LOS EXTREMOS

En vez de limar los extremos de los bucles en S para que acaben en punta, pruebe a fundirlos para que se les forme una pequeña bola en la punta (*véase* p. 123).

Lección 48: Aplicar accesorios comerciales

Muchos accesorios comerciales se venden ya montados. La mayoría, como los clips de pendientes o de gemelos (como los que mostramos en esta lección), se deben desmontar antes de soldar; de lo contrario, las partes vitales con muelles se estropearán al aplicarles calor.

1 Retire el remache que sujeta el accesorio del gemelo. Lime con una lima pequeña y plana. Pinte con un poco de fundente en el centro y póngale un trozo pequeño de soldadura blanda. (Si el accesorio tiene una base ancha, puede que necesite dos o tres trozos.) Suelde el accesorio a la base como se indica en la Lección 37, p. 75.

2 Limpie alrededor de la zona soldada si es necesario. Coloque la barra en T encima del accesorio, alineada con los agujeros.

3 Sostenga el pequeño remache de alambre con unos alicates e introdúzcalo con cuidado por los agujeros alineados.

4 Lime las puntas del remache. Apoye una punta del remache sobre el yunque y golpee la otra punta con un martillo de joyero para ensancharlo. Luego déle la vuelta para aplanar la otra punta.

Lección 49: Confeccionar el cierre de un broche

Los broches tienen infinidad de accesorios. Éste es simplemente uno de ellos, de modo que lo animamos a experimentar. Asegúrese siempre de que el accesorio mantiene el broche en su lugar sin que se tuerza; que no estropeará la ropa en la que se sujeta, y que no resultará muy complicado de abrochar.

1 Realice primero la bisagra. Coja plancha de plata de 8,0 mm y corte un trozo de 5 x 16 mm. Marque líneas de 1 mm a ambos lados. Sierre un poco en ambas líneas; utilice luego una lima triangular para hacer un surco justo hasta la mitad del grosor de la plata.

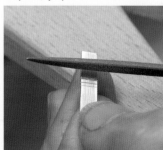

2 Con un punzón, marque el punto central de una de las dos partes. Utilice un taladro manual con una broca de 1 mm para hacer un agujero.

3 Con un par de alicates planos, doble cada parte hacia adentro unos 90º. Pase una pieza de soldadura dura por el exterior de los cantos para reforzarlos (*véase* p. 74). Esta pieza formará la junta.

4 Coloque la junta con la parte sin perforar apoyada en el banco. Pase la broca de 1 mm por el agujero y perfore un segundo agujero en la parte inferior de la junta. Suelde el dorso plano de la bisagra al dorso del broche.

5 Ahora realice el cierre. Utilice hilo de plata de sección semicircular de 2 mm de grosor. Corte un trozo de unos 30 mm de largo. Con unos alicates de punta plana y semicircular doble bien un extremo.

6 Acabe de hacer la curva y luego vaya llevando el resto del trozo formando ángulo recto.

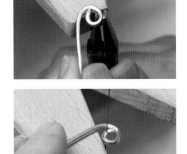

7 Sierre una parte de la curva para dejar espacio para la aguja.

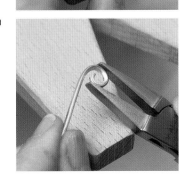

8 Apriete un poco el gancho con unos alicates y luego corte el extremo alargado del hilo de plata (la base) para que se ajuste un poco más arriba que el gancho. Lime la base hasta que quede totalmente lisa. Golpee un poco con un martillo de joyero sobre una superficie de acero. Eso endurecerá el pasador.

9 Realice la aguja con un trozo de hilo metálico de 1 mm de grosor. Con unos alicates planos, doble con fuerza un extremo del hilo. Utilice los alicates de puntas plana/redonda para hacer tres cuartos de círculo junto al pliegue.

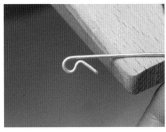

10 Realice una línea recta de hilo en dirección opuesta al círculo. Mida la longitud necesaria a la que necesita estar colocado el círculo en la bisagra y luego corte el hilo a la altura en la que se encuentra con el cierre. Lime la punta con forma roma.

11 La aguja se mantiene en su posición con un remache que se acopla limpiamente a un lado de la bisagra, luego pasa por el círculo de la aguja y sale por el otro agujero de la bisagra. Las dos puntas se liman y se remachan (*véase* Lección 54, p. 102). Cuando pegamos la bisagra al dorso del broche, el extremo doblado de la aguja debe apoyarse en el mismo dorso para proporcionar la función de muelle.

PROYECTOS DE PRÁCTICA

Utilice esta técnica para realizar el broche circular; p. 136.

VÉASE TAMBIÉN
Unidad 9: Metales preciosos, p. 34
Unidad 10: Metales no preciosos, p. 38

Unidad 28:
Piezas fundidas

El metal se funde y se vierte en un molde. La fundición se utiliza para realizar piezas tridimensionales que resultarían muy difíciles de hacer de cualquier otra manera. También se utiliza para hacer más de una pieza de diseño exacto. Cuanto más preciso sea el molde, más bien acabada estará la pieza de fundición.

CANTIDAD DE METAL

Bebedero y colada: Cualquier molde de fundición tiene que tener un bebedero –el canal por donde se echa el metal fundido– y un orificio de colada –la obertura o boca del bebedero por donde se hace el primer vertido–. El metal de los bebederos y la colada se corta y luego se puede volver a utilizar, después de enfriarlo y desoxidarlo. Cuando se calcula el peso necesario de un metal para un molde siempre hay que tener en cuenta el peso de los bebederos y el orificio de colada.

Cera a plata: Para calcular la cantidad de plata necesaria para realizar un molde a partir de un modelo de cera, multiplique el peso de la cera por 11. Añada 10 g de plata para la colada.

Sistema de desplazamiento: Para calcular la cantidad de plata necesaria para un modelo que no está realizado de cera, utilice el método del desplazamiento. Llene un recipiente medidor con agua hasta la mitad. Meta dentro el objeto que se va a fundir y anote la nueva medida. Saque el objeto. Meta matrices de fundición de plata o restos de plata en el agua hasta que ésta alcance el nivel anterior. Éste será el peso correcto de plata. Añada 10 g para la colada.

Tenga en cuenta la solidez: Si utiliza cualquier cosa hueca, como una cuenta de metal o una caracola para hacer una impresión para un molde, no olvide que la pieza terminada será sólida y que, por lo tanto, pesará mucho más que el original.

Hay tres métodos principales de hacer un molde. Un método es el molde de sepia. Se parte por la mitad un hueso seco de sepia a lo largo y, o bien se aprieta un modelo contra el mismo para que quede impreso, o bien se talla el hueso. Las dos mitades se vuelven a juntar y el metal fundido se echa en la cavidad hecha en el hueso.

El segundo método es el "molde de arena". Con este método, se realiza una huella en la arena con un modelo, que luego se retira y deja una cavidad. Entonces se vierte el metal fundido para hacer una réplica del modelo.

Hay también el método conocido como "a la cera perdida". Se realiza un modelo de cera y luego se envuelve con una mezcla de polvos llamada inversión. Se deja secar y se coloca en un horno. La cera se funde y deja una cavidad que se puede llenar luego con el metal fundido.

Cuando decida qué método va a utilizar, pregúntese siempre si podría fabricar la pieza con hoja o hilo de metal. Si la respuesta es no, entonces decídase por la fundición.

ANILLOS DE FUNDICIÓN
Aquí, el artista ha utilizado la fundición para hacer dos anillos de tema marino: un anillo que representa una concha gigante con orificios perforados y un anillo que utiliza texturas solapadas y ondulaciones en bandas separadas.

Lección 50: Molde de sepia

La gruesa columna de la sepia constituye un material idóneo para hacer moldes en plata u oro. Utilice este método para fundir una tira larga de plata con el hermoso relieve de la sepia, que luego se puede templar y moldear en forma de brazalete abierto. Este método de fundición sólo se puede utilizar una vez, salga o no salga bien.

1 Elimine las partes puntiagudas de arriba y abajo del hueso con una sierra de calar. Luego corte los lados para eliminar los bordes duros.

2 Apoye la base plana sobre el banco y sujete el hueso vertical. Coloque la sierra recta por la mitad de la parte superior, y apriete suavemente la hoja por la mitad del hueso para cortarlo por la mitad y a lo ancho.

3 Coja la mitad más gruesa y empiece a sacar hueso con una herramienta de tallar, tratando de mantener un grosor consistente de 2 mm. Vacíe una zona equivalente a la longitud del brazalete.

4 Una vez haya acabado de tallar, retire todo el polvo con un pincel seco. Eso le dará a la textura natural del hueso una definición muy clara.

5 Dibuje arcos con un lápiz desde la parte superior de la forma hasta arriba del hueso, para la colada. Vacíe la zona con un instrumento de tallar. Realice un hueco idéntico en la otra mitad del hueso. Dibuje unas cuantas líneas de aire que salgan de la forma del brazalete.

6 Vuelva a juntar las dos mitades, asegurándose de que están bien alineadas. Átelas por arriba y por abajo con alambre enrollado, hasta que quede bien ajustado.

7 Sujete la sepia con firmeza en la bandeja de soldar de modo que no pueda resbalar ni caerse mientras le echa el metal líquido por la obertura superior. Esta manera de usar la sepia le da al objeto fundido un dorso plano.

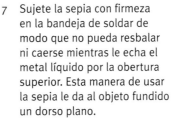

⟩ TRUCO PARA FUNDIR CON HUESO DE SEPIA

Puede adquirir huesos de sepia en una tienda de accesorios para animales. Los mejores para fundir metal son los más gruesos y grandes. Los más finos, "chupados" hacia adentro, tienen más tendencia a romperse cuando se juntan para llenarlos.

PROYECTOS DE PRÁCTICA

Utilice esta técnica para realizar los gemelos de fundición, p. 129.

FUNDIR UNA PIEZA CON EL DORSO MODELADO

Para poder realizar un dorso con forma, en vez de que quede plano (como aparece en la p. 97), la otra mitad del hueso se graba con el mismo perfil externo que la primera. Con este método es muy importante que las dos mitades encajen perfectamente cuando se vuelvan a juntar. Una vez cortado el hueso por la mitad, frote los dos lados con un trozo de papel de esmeril de grado 240 hasta que estén totalmente planos, para asegurarse de que todo quedará bien encajado cuando vuelva a juntarlos.

ALINEAR LAS MITADES
Pruebe trazando un par de líneas a través del corte plano de la tarte superior del hueso antes de abrirlo por la mitad. Esto le servirá luego para guiarse cuando vuelva a juntar las dos mitades.

Lección 51: Moldes de arena

El molde de arena se conoce como Sistema de Delft, que consiste en dos aros de aluminio que se encajan para formar un tubo. Los aros se llenan con arena de moldear, que es una arena muy densa y ligeramente aceitosa. Este método sólo sirve para reproducir objetos ya existentes, porque la arena no se puede tallar. Por supuesto, el objeto lo puede realizar usted mismo, de madera, de cera, con algún material acrílico o con cualquier cosa capaz de aguantar la presión de la arena.

1 Separe los aros de aluminio. Coloque el más corto sobre una hoja de papel en la mesa de trabajo. El labio de encaje debe estar hacia arriba.

2 Llénelo con arena, bien apretada, hasta que sobresalga un poco. Enráselo con el canto de una regla.

3 Apriete el modelo sobre la arena, boca abajo, hasta que quede enterrado por la mitad. Puede darle unos golpecitos con una maza para ayudar a asentarlo en la arena. (Asegúrese de que su modelo no se romperá al hacerlo.)

4 Deje el modelo tal como está y espolvoree un poco la superficie de la arena con polvos de talco. Esto facilitará luego la separación de las dos mitades. Esparza bien los polvos con un pincel.

5 Coloque el aro más alto sobre el primero, alineando las dos muescas marcadas a los lados. Ahora llene el aro de arriba de arena. Una vez lleno, golpee la arena con una maza para que quede lo más densa posible.

6 Vuelva a separar los dos anillos. Retire el modelo del aro de abajo con el máximo cuidado. Deberá ver un hueco de la forma del modelo en la arena y en los dos lados de los aros. Marque unas cuantas líneas de ventilación desde el hueco de abajo.

7 Con una broca de 2 o 3 mm realice un agujero para el bebedero en la mitad más gruesa, la de arriba. Vaya girando la broca desde arriba del hueco hecho por el modelo, hasta lo alto de la arena.

8 Por donde ha pasado la broca, abra la zona y deje espacio para la colada. Si hace falta, retire la arena que haya quedado en el canal del bebedero. Ahora puede volver a juntar las dos mitades, asegurándose de que las muescas están bien alineadas, coloque el molde listo para fundir.

TRUCOS PARA FUNDIR CON ARENA

Experimente con el bebedero: La fundición con arena se basa hasta cierto punto en la gravedad. Una vez se ha echado el metal por el canal, éste ha de extenderse hasta llenar todo el hueco. Esto lleva a veces varios intentos hasta que sale bien, o hasta que se llena realmente todo el espacio. Experimente con el bebedero; puede que tenga que hacerlo más grueso, o más fino, o puede que deba hacer la colada más grande. Asegúrese de que las líneas de ventilación están abiertas.

Realizar moldes de objetos huecos: El molde no funcionará correctamente si el modelo tiene un grosor de 2 mm o menos. Si desea hacer un molde de una concha, por ejemplo, que es hueca, llénelo con cera. De lo contrario, la arena intentará entrar en su interior y las dos mitades no podrán separarse limpiamente.

Lección 52: Fundir y llenar un molde con plata

Sea cual sea el método elegido, un buen resultado depende de las técnicas que
realice al fundir el metal –en este caso, la plata– y llenar un molde con él.

1   Corte y pese la cantidad
    necesaria de plata y
    añada 10 g para la colada.
    Colóquelo sobre un
    pequeño crisol que va
    sujeto a un mango manual.
    Espolvoree la plata con un
    poco de fundente bórico en
    polvo. Utilice una llama lo
    más grande posible para
    calentar la plata.

2   Mantenga la parte más
    caliente de la llama en
    el metal hasta que éste
    adquiera un color naranja
    brillante. Manténgala
    allí hasta que el metal
    empiece a fundirse.

3   Una vez fundido, el metal
    formará una bola que
    empezará a rodar. Déjela
    rodar sin alterar la llama
    mientras cuenta lentamente
    hasta veinte. Entonces
    deberá estar lista para
    verter. Acérquela con
    cuidado a la obertura del
    molde. Incline el crisol
    de modo que el metal
    fundido esté en el borde.
    Vierta por el agujero con
    un movimiento suave.
    Lleve guantes de cuero
    o aislantes para abrir el
    molde. Meta el modelo de
    plata caliente en agua fría y
    luego desoxídelo.

TRUCOS PARA VERTER EL METAL

Déjelo caer: Intente imaginarse cómo fluye el metal cuando se
vierte en el molde. Lo arrastra la gravedad o bien se esparce por
donde puede. Lo único que no hace es retroceder.

Mantenga limpios los metales de fundir: Guarde limpios los
restos de metal para usarlos luego para fundir. Asegúrese de
que no quedan restos de soldadura en el metal, porque éstos
mermarían su calidad al fundirlo. Cualquier cosa sospechosa
debe cortarse o limarse.

PROYECTOS DE PRÁCTICA

Utilice esta técnica para realizar los gemelos de
fundición; p. 129.

TRUCO DE SEGURIDAD

Cuando trabaje con metal fundido sea muy cuidadoso. Asegúrese
de que su hueso de sepia o cualquier molde elegido se sostienen
sobre una bandeja de fundir con un borde, de modo que
cualquier salpicadura caiga dentro y no en la zona circundante.

Unidad 29: Trabajar con el martillo

Los joyeros utilizan martillos de distintos tipos para una amplia gama de trabajos. Los martillos de acero se utilizan para estirar, extender o dar textura al metal. Se pueden utilizar también con un punzón o herramienta de marcar que dé forma o grabe el metal. Cuando el metal de acero golpea directamente sobre metales como el cobre, la plata o el oro, siempre deja una marca.

Para la mayoría de aplicaciones se puede utilizar un martillo de bola de peso medio, pero un martillo ligero y pequeño de joyería es una herramienta imprescindible para los trabajos delicados. Los martillos grandes y pesados se utilizan principalmente para dar textura; cuanto más tosca sea la superficie del martillo, más interesante será la textura que creará. Los martillos grandes con cabezales lisos y limpios se utilizan para aplanar o alisar el metal que antes se ha golpeado. Las mazas de madera o de plástico se utilizan para moldear el metal sin dejar marcas (excepto los metales muy blandos, como la plata de ley y el oro), y en general se pueden utilizar con bastante fuerza sin dejar marca.

EXTREMOS REALIZADOS CON MARTILLO
En este original broche, las texturas creadas por el martillo en los bordes contrastan con el centro de galena.

Lección 53: Estirar metal con el martillo

Se puede utilizar el martillo para estirar un hilo de metal de 4 mm de diámetro redondo, hasta dejarlo con un extremo puntiagudo de unos 2 mm. Con este método no se pierde peso de metal; en cambio, si se limara de 4 a 2 mm, se perdería bastante.

1 Temple un trozo de 10 cm de hilo de plata, de perfil redondo de 4 mm de diámetro. Enfríe, desoxide y séquelo. Sujete un extremo del hilo sobre un yunque. Empiece a golpear la plata con el martillo a unos 4 cm del estremo y aplanando el lado.

2 Gire el hilo de plata un cuarto de vuelta y golpee de la misma forma. Tan pronto como empiece a notar que el metal se endurece, témplelo. Siga trabajando así hasta que la punta mida un poco más de 2 mm.

3 Estire el hilo de plata a través del yunque. Hágalo rodar por la superficie del yunque con una mano mientras con la otra golpea suavemente con el martillo con golpes suaves y regulares, para conseguir que el perfil más bien cuadrado del hilo de plata quede redondeado. Una vez estirado el metal de esta manera, precisará que lo lime un poco para alisarlo. Se puede acabar con papel de lija.

Lección 54: Realizar un remache

Un remache es una pieza pequeña de hilo de metal que se pasa a través de dos o tres piezas de metal para mantenerlas unidas. Las puntas del hilo se ensanchan hasta que quedan más anchas que los orificios y el remache no pueda deslizarse por ellos.

1   Una las piezas de metal de modo que los agujeros queden alineados. El hilo del remache debe tener el mismo diámetro que los agujeros. Utilice un trozo de hilo más largo de lo necesario e insértelo por los agujeros de las piezas a juntar, hasta que sobresalga más o menos 1 mm por el otro lado.

2   Lime la punta que sobresale hasta que esté completamente plana y alineada con la superficie del metal. Use unas tenazas para cortar la otra punta del hilo aproximadamente. 1 mm del metal, y límela también para alisarla.

3   Ponga cuidadosamente todo el conjunto encima de un yunque pequeño. Puede que necesite otra persona para que le eche una mano para el siguiente paso. Coloque la punta afilada de un pequeño punzón en el centro del remache y golpéelo cuidadosamente con un martillo. Déle la vuelta a las piezas y haga lo mismo en el otro extremo del remache. Ahora utilice un punzón pequeño de cabeza más ancha y golpee alrededor del extremo del remache. Eso lo ensanchará hasta que tenga un aspecto parecido a la cabeza de un clavo.

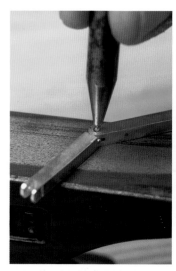

4   Vuelva a dar la vuelta al conjunto y proceda de la misma forma en el otro lado. Elimine cualquier rugosidad que haya quedado con una lima y acabe lijando con papel húmedo y seco.

VÉASE TAMBIÉN
Unidad 15: Templar, p. 58
Unidad 31: Utilizar un laminador, p. 106
Unidad 33: Crear texturas, p. 115

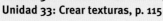

Lección 55: Crear texturas con un martillo

Cuando utilice un martillo para dar textura al metal, recuerde que el metal se estirará considerablemente. Primero es mejor crear la textura y luego cortar la forma.

TRUCOS PARA UTILIZAR EL MARTILLO

Crear una textura general: El lado redondeado de cualquier martillo se puede utilizar para crear una textura general de pequeñas hendiduras en el metal. Cuanto más pesado sea el martillo, más profundas hará las hendiduras.

Usar la punta: El extremo en punta del martillo se puede usar también para dar textura al metal. Cuanto más pequeño sea el martillo, más fina la línea que dibujará en la textura.

Pruebe el efecto: Pruebe los distintos métodos de dar textura primero en el cobre o en restos de metal para ver si le gustan.

Cuide los martillos: Mantenga limpios y pulidos los cabezales de los martillos si ha de utilizarlos para estirar o moldear metal, más que para dar textura o marcarlo. Límpielos primero con papel de lija y luego púlalos con pulidor de *hyfin* con la pulidora eléctrica.

Usar mazas: Las mazas de madera o de plástico son más blandas que los martillos metálicos y, por tanto, al cabo de un tiempo se estropearán. Mientras funcionen, no se preocupe. Utilícelas para redondear anillos y brazaletes en el mandril y para dar forma al metal con los embutidores.

1 Temple un trozo pequeño de hoja de cobre. Sosténgalo sobre una superficie metálica plana y utilice el lado redondeado de un pequeño martillo de bola para realizar pequeñas marcas redondas por toda la pieza. Intente hacer las marcas apretadas para crear una textura uniforme.

2 Vuelva a templar la pieza y dibuje dos círculos sobre la cara lisa del metal ayudándose con una plantilla de plástico. Marque los círculos. Ahora los podría abombar con el punzón de madera en el bloque de embutir.

UTILIZAR UN MARTILLO DE REPUJADO

Repujar es marcar el metal con líneas y curvas para delinear una forma o una escena. El dibujo se habrá trabajado normalmente antes desde el dorso, de modo que cuando se le da la vuelta, queda un relieve levantado. Entonces se mantiene levantado con una mezcla de brea, que se echa en la parte de atrás y se deja asentar. Luego se le da la vuelta y se mantiene en un cuenco o bloque de madera y se trabaja por encima con herramientas y con un martillo de repujado. El término francés *repoussé* se refiere al hecho de estampar el metal empujando desde atrás.

Las herramientas de repujado se sujetan a poco ángulo de la línea que están marcando, con la punta más cerca del artesano y la parte de arriba más lejos. La parte superior se golpea delicada y regularmente con el martillo, de manera que la herramienta se va empujando con cuidado por la línea de trabajo.

Unidad 30: Utilizar calibres

Las hileras se utilizan para reducir el diámetro del hilo metálico o para darle un perfil distinto. Un calibre con los agujeros redondos resulta muy útil para las ocasiones en las que se necesita un hilo de metal de un tamaño concreto, por ejemplo, para realizar remaches (*véase* p. 102). Los hilos de perfil distinto, como triangular, cuadrado, rectangular u oval, se pueden hacer todos con la ayuda de un calibre. Puede adquirir todos estos hilos de perfiles distintos en su proveedor habitual, pero suelen estar disponibles en rollos muy largos y resultan mucho más caros que el hilo de plata que usted mismo puede moldear.

TRUCOS PARA REDUCIR PERFILES DE HILO

Temple con regularidad: Mantenga el hilo que está modificando bien templado. Notará cómo se va haciendo más difícil de manipular a medida que se endurece.

Mantenga la punta: Mantenga el extremo que está pasando por el calibre bien afilado. El agujero del calibre es más estrecho por la parte frontal que en la trasera. La punta del hilo debe sobresalir lo bastante por delante como para que lo pueda sujetar con unos alicates de estirar.

Reduzca el diámetro gradualmente: Reduzca un agujero tras otro. Por ejemplo, si está estrechando un hilo de 2 mm hasta 1,5 mm, el primer agujero por el que dede pasar será el de 1,9 mm, y así sucesivamente, hasta conseguir el perfil necesario.

Utilice mordazas con protectores: Hay que utilizar las mordazas para sujetar el calibre; las mordazas de sierra cerrarían algunos de los agujeros del calibre y los estropearían. Las mordazas con protectores se hacen sencillamente doblando dos tiras de aluminio o cobre en ángulo recto y colocándolas sobre las mordazas del tornillo.

Prevea el final del hilo: Deberá tirar del hilo metálico con bastante fuerza, de modo que vaya con cuidado cuando esté casi todo pasado para evitar caer de espaldas.

Lección 56: Reducir hilo de perfil redondo

Reduzca el perfil de un hilo de plata de 1 mm de diámetro a 0,5 mm con el calibre. Decida la longitud que precisa; no olvide que la longitud crecerá a medida que tira del hilo para reducirlo.

1   Corte un trozo de hilo de 1 mm de perfil redondo. Témplelo, desoxídelo, enjuáguelo con agua y séquelo bien. Hágale una punta bien afilada con una lima semicircular (*véase* p. 77).

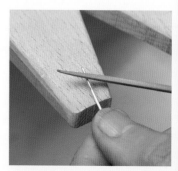

2   Sujete el calibre en las mordazas del tornillo. Manténgalo bien recto y asegúrese de que los agujeros que va a utilizar quedan bien a su alcance.

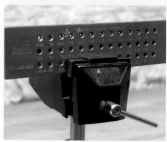

3   Funda unas gotas de cera
    de abeja sobre el hilo, justo
    detrás de la punta afilada,
    o ponga una gota de aceite
    en el agujero por el que va a
    pasar el hilo.

4   Introduzca la punta afilada
    por el agujero de 1 mm.
    Debe sobresalir al menos
    1 cm. Si es menos, lime más
    trozo de la punta hasta que
    pueda pasar más hilo.

5   Sujete la punta afilada
    del hilo con unos alicates
    de puntas serradas y tire,
    manteniéndolo en línea
    recta. Una vez lo haya
    pasado por el agujero, repita
    el proceso por el agujero de
    0,8 mm.

6   Después de pasar el hilo por
    el agujero de 0,6 mm, tal
    vez necesite templarlo de
    nuevo. Enróllelo y pase una
    llama suave por encima. Déle
    la vuelta y témplelo por el
    otro lado. Enfríe, desoxide y
    seque. Lime la punta y páselo
    por el calibre hasta conseguir
    el diámetro de 0,5 mm.

Lección 57: Redondear un perfil cuadrado

Cuando se pretende alterar el perfil de un hilo de metal, la forma final será más pequeña que la medida más ancha del hilo original. Utilice un trozo de hilo de perfil cuadrado de 2 mm.

Lime el extremo del hilo cuadrado hasta que acabe en punta. Colóquelo en el agujero de 2 mm del calibre y tire de él. Temple el hilo; luego desoxídelo, enjuáguelo y séquelo. Meta la punta en el siguiente agujero más pequeño, ponga un poco de cera de abeja o una gota de aceite en el hilo, detrás del calibre, y páselo a través del agujero. Siga pasando el hilo por agujeros redondos cada vez más pequeños, templando cada vez que sea necesario, hasta que el perfil sea totalmente redondo.

VÉASE TAMBIÉN
Unidad 15: Templar, p. 58
Unidad 34: Trabajar con hilo de metal, p. 119

Unidad 31: Utilizar un laminador

Un laminador es una herramienta muy útil que sirve básicamente para reducir el grosor del metal. Se coloca la lámina de metal entre los dos rodillos y se hace girar una manivela hasta que el metal sale por el otro lado. El espacio entre los rodillos se ajusta con facilidad. El laminador se puede utilizar también para crear texturas en las planchas de metal (*véase* p. 116), y los más grandes también sirven para dar forma al hilo de metal.

E l metal más blando que el acero de los rodillos disminuirá en espesor cuando se le aplique presión. El metal más duro que el acero, en cambio, dejará marcas en los rodillos. De modo que no pase nunca por el laminador alambre de atar, titanio, acero duro ni ningún otro material que crea que es más duro que los rodillos. Si necesita que su pieza permanezca exactamente igual cuando se está laminando, asegúrese de que los lados quedan paralelos. Este aspecto es menos importante porque la pieza se puede cortar a posteriori.

Adquiera el mejor laminador que se pueda permitir. Tenga cuidado si lo compra de segunda mano: compruebe que los rodillos están en buen estado, que no están sucios, ni oxidados, ni con muescas, y que se juntan de manera homogénea. Los rodillos se pueden limar profesionalmente para alisarlos, pero asegúrese de poder hacerlo antes de comprometerse a comprar una máquina usada.

LAMINADOR PEQUEÑO
Los laminadores más pequeños –probablemente los más prácticos para un taller pequeño– tienen sólo un par de rodillos lisos. Un laminador grande tiene otro juego de rodillos debajo del par de arriba. Este segundo juego tiene un perfil surcado o en V, y se utiliza para reducir hilos de metal de diámetro grande o para reducir un lingote que previamente se ha fundido y se ha vertido en un molde de lingotes.

TRUCOS PARA UTILIZAR EL LAMINADOR

Utilice metal seco: No pase nunca metal húmedo o mojado por los rodillos. Seque siempre el metal con un paño de papel antes de ponerlo en el laminador. Cualquier resto de humedad dejaría marcas de óxido en los rodillos, lo cual, a su vez, provocaría marcas.

Aplane gradualmente: Si el metal se somete a demasiada fuerza cuando se está aplanando, se agrietará al templarlo. No intente aplanar demasiado de una vez; poco a poco es lo mejor.

Engrase el laminador: Cerca de la parte de arriba de los rodillos hay un agujero para el aceite. Recuerde añadir un poco de vez en cuando para prevenir los fallos debido al óxido y para mantener todo el mecanismo en buenas condiciones.

Elimine las marcas: Si queda alguna marca en los rodillos, primero pásele un paño humedecido con acetona para eliminar cualquier resto eventual de suciedad. Luego puede eliminar las marcas lijándolas con papel húmedo y seco de grano fino (usado en seco). Un estropajo fino de lana de acero también resulta adecuado para limpiar los rodillos.

Guarde el laminador tapado: Es buena idea tapar el laminador cuando no lo esté usando. Eso lo mantendrá seco y protegerá los rodillos del polvo del taller.

Desaconsejamos utilizar bombonas de butano para calentar el taller. El gas crea mucha condensación, que se posa sobre los objetos metálicos y provoca su oxidación antes de que nos demos cuenta. El calor por radiadores o eléctrico es mucho mejor.

Lección 58: Laminar plata

En esta lección se lamina un cuadrado de 5 cm² de 1,2 mm de grosor para que quede de 0,6 mm de grosor. Eso significa que doblará de tamaño.

1 Corte una lámina de plata de las dimensiones indicadas y témplela. Enfríela, desoxídela y séquela bien. Abra los rodillos, coloque el canto del metal en el rodillo de abajo y enrolle el dial hasta que el rodillo de arriba atrape justo la parte superior de la plata. Gire la manivela del laminador y pase la pieza de plata totalmente.

2 Coja la plata a medida que vaya saliendo por el otro lado y luego gírela un cuarto, para que lo que era el borde lateral al principio sea ahora el borde entrante.

3 Vuelva a ajustar los rodillos, ajústelos unos cinco puntos –según aparece en el dial del laminador– y vuelva a pasar la plata por ellos. Cuando los rodillos se hayan ajustado unos 15 puntos, o tres veces, vuelva a templar la plata para evitar que acumule demasiada tensión. Siga procediendo hasta que el grosor de la lámina sea de 0,6 mm.

Unidad 32: Engastar piedras

Tradicionalmente, una de las funciones principales de una joya era lucir una piedra bonita. Las piedras se pueden tallar de maneras distintas para darles formas variadas, algunas de las cuales se describen en la Unidad 11 (p. 40). En esta unidad se explica el trabajo del metal necesario para realizar la "montura" en la que se asentará la piedra, y las maneras más indicadas para ajustarla a la pieza principal.

Los ejemplos que se muestran aquí ilustran algunas de las muchas maneras de engastar piedras.

CURVAS SUAVES

En este espectacular anillo, el engaste frotado del ópalo iridiscente forma una continuación de las suaves curvas del aro del anillo.

BASE TEXTURIZADA

En este par de pendientes de cierre a presión, el joyero ha estampado un relieve circular para añadir interés a la base del engaste frotado de estos bellos ópalos en forma de luna.

ANILLO MULTICAPA

En este anillo con varias capas, se ha utilizado tanto el engaste frotado como el de canal. Todos los engastes son distintos, lo cual le aporta interés visual, y el hecho de que esté montado en bandas separadas permite que la combinación se pueda modificar.

BRAZALETES CON CABUJONES

Un conjunto de cabujones de distintas formas y tamaños se han sujetado con engastes sencillos frotados o de aguja. El diseño adquiere unidad con la aportación de los aros de plata y las cuentas de madera insertadas en los brazaletes.

VÉASE TAMBIÉN
Unidad 11: Piedras y cuentas; p. 40

Lección 59: Engastar un cabujón redondo de dorso plano

Empezar engastando una piedra tipo cabujón es una buena idea. Una piedra con el dorso plano se asienta cómodamente en un engaste plano. Si está un poco curvado bailará, de modo que hay que dejar espacio para ello. La montura que aquí se muestra es para un cabujón de 8 mm con el dorso plano diseñado para soldarse en un colgante.

1   Observe cómo caen los lados de la piedra. El punto en el que la piedra empieza a inclinarse es el ancho que debe tener el engaste, de modo que cuando se empuje hacia la piedra la mantenga bien sujeta.

2   En una lámina de plata de 0,5 mm, marque la longitud del engaste –en este caso, unos 27 mm–. (Véase cómo calcular el tamaño de un engaste, p. 111.) Abra el compás de puntas fijas a la altura del engaste y marque una línea por su longitud.

3   Corte la lámina y luego témplela, desoxídelo y enjuáguelo. Una vez seco, con unos alicates semicirculares doble cada extremo de la tira hasta que los dos extremos se toquen.

4   Suelde la junta con soldadura dura (*véase* p. 74), desoxide y seque. Si queda algún resto de soldadura, límelo y luego coloque el engaste en un mandril redondo y pequeño para redondearlo.

5   Asegúrese de que el fondo del engaste está plano frotándolo con una lima plana.

6   Coloque el engaste en el colgante. Aplique fundente alrededor de la base y meta dentro varios fragmentos de soldadura media, asegurándose de que están en contacto con el engaste y con la base. Suelde las piezas: dirija la llama hacia la zona más grande de plata antes de acercarla al engaste.

TRUCO PARA REALIZAR ENGASTES

Cuando haga un engaste para un anillo, colóquelo en una lámina base como si fuera para un colgante, pero aplique la soldadura en el exterior del engaste. Caliente la pieza base y, una vez fluya la soldadura, enfríe y desoxide. Retire el exceso de metal de fuera del engaste con una sierra de calar y lime el borde externo hasta hacer desaparecer la línea de la junta.

Lección 60: Realizar una montura elevada para una piedra

Esta montura incluye un engaste interno en el que se asentará la base plana de un cabujón, que sostiene una "piedra cabujón" o la cintura de una piedra tallada. Esta montura se utiliza cuando la piedra precisa ser levantada por encima del aro del anillo o de la pieza a la cual va montada.

1 Calcule la longitud necesaria para la tira de engaste (véase página siguiente). Deje el metal suficiente para que pueda limarse un arco que se adapte a la curva del aro del anillo. Si la montura es para una piedra tallada, la altura del engaste debe ser justo un poco mayor que la de la piedra desde la punta inferior, llamada culata, hasta la tabla (véase página siguiente). Corte una tira de plata del tamaño que ha calculado. Temple, enfríe y desoxídelo antes de doblarlo y soldar la junta con soldadura dura.

3 La piedra debería ahora poder ajustarse plana en el engaste, con el metal suficiente a su alrededor como para poderla empujar hasta dentro. (Una piedra tallada se puede colocar en el engaste de modo que su cintura quede apoyada en el aro interno.) Lime la base del engaste con una lima semicircular u ovalada hasta que su forma se adapte al aro del anillo. Suelde el engaste al aro (*véase* p. 75).

2 Realice un aro más pequeño para el engaste interior. Con eso formará una especie de estante que queda más abajo del aro externo, dejando el espacio suficiente para montar la piedra. Temple la pieza del engaste interno y dóblelo para que se ajuste limpiamente dentro del externo. Haga los ajustes necesarios y luego suéldelo. La base de las dos piezas debe quedar nivelada.

PROYECTOS DE PRÁCTICA

Utilice esta técnica para realizar el anillo con cabujón engastado; p. 126.

CALCULAR EL TAMAÑO DE UN ENGASTE

Precisará saber las medidas de una piedra antes de poder montarla. Para una piedra redonda, necesita saber el diámetro; para una piedra ovalada, el largo y el ancho; para una rectangular o triangular, precisará la medida de cada lado.

He aquí unas cuantas fórmulas sencillas para calcular la longitud de metal necesaria para el engaste.
Piedra redonda: (diámetro de la piedra x π) + dos veces el grueso del metal.
Piedra ovalada: $\left(\dfrac{\text{largo} + \text{ancho de la piedra}}{2}\right)$ x π + dos veces el grueso del metal.

Piedras cuadradas, rectangulares y triangulares: la suma de la longitud de cada lado.

Corte siempre de una manera generosa porque un engaste ligeramente grande es mucho más fácil de arreglar que uno que queda un poco pequeño.

Piedras talladas: Una piedra tallada tiene lados angulosos y tendrá un grosor mucho mayor que un cabujón de tamaño similar. La base, en vez de ser plana, acaba en una punta, llamada culata. La parte más ancha de la piedra se llama filetín o cintura, que es la zona que debe montarse sobre el engaste. Desde la cintura salen caras angulosas que suben hasta la cara plana superior, conocida como "la tabla".

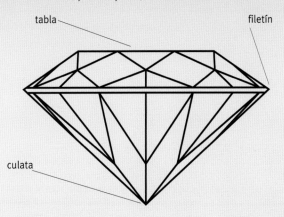

tabla — filetín

culata

Lección 61: Montar las piedras

Para montar una piedra, la pieza se debe sujetar con firmeza para que haya una resistencia a la presión que se aplicará durante el montaje. Montar la piedra es siempre el último paso en la construcción de una joya, de modo que trate de no arañar ni dejar marcas en la pieza durante el proceso.

1   Coloque el anillo en una abrazadera y sujételo en la zona media de la astillera.

2   Si el metal del engaste es delgado –de 0,5 mm o menos–, será relativamente fácil empujarlo hacia la piedra con la ayuda de un pequeño formón.

3   Si el engaste es más grueso, pruebe con un pequeño punzón metálico sujetado a un ángulo de 45º respecto a la parte superior del engaste, y golpeado delicadamente con un martillo de joyero. Para que la abrazadera no se mueva, sujétela en las mordazas del tornillo de mano.

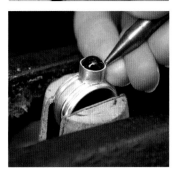

4 Pula el borde exterior del engaste con una lima fina y luego con un poco de papel fino húmedo y seco, con cuidado de no tocar la piedra.

5 Acabe el montaje con un bruñidor pulido de acero.

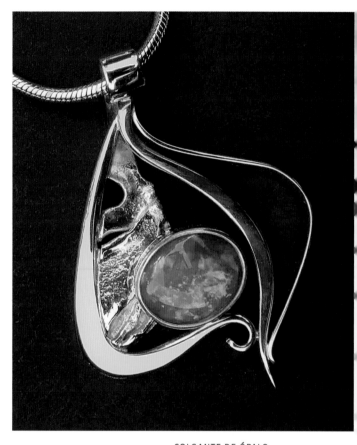

COLGANTE DE ÓPALO
El ópalo se sitúa en el centro de este bellísimo colgante de oro.

TRUCO PARA MONTAR UNA PIEDRA

Empujar el metal hacia el cabujón: Empiece empujando el metal hacia la piedra en una zona, y luego gire la pieza para poder realizar lo mismo por el otro lado. Siga trabajando desde un lado hacia su opuesto hasta que la piedra esté bien sujeta, y luego siga por todo el borde hasta que el engaste quede liso y no queden surcos entre el metal y la piedra.

Limpiar el engaste: Cuando se pule un engaste una vez montada la piedra, hay que tener mucho cuidado de no tocar la piedra con la lima o con el papel de lijar. Pruebe a colocar el pulgar justo encima de la piedra para evitar que la lima resbale hacia ella.

ANILLOS CON RELIEVE
Estos sencillos engastes frotados contrastan con el relieve circular de los anchos aros de estos dos anillos.

Lección 62: Engaste de una piedra en garras

La mayoría de piedras talladas quedan realzadas cuando la luz se refleja desde abajo y desde los lados, y hay engastes diseñados para este fin. Un engaste abierto sigue la punta de la piedra desde el filetín hasta la culata, de modo que la piedra quede bien asentada en él. En esta lección usaremos "garras" para sujetar una aguamarina tallada rectangular en una montura abierta afilada. Las medidas de la piedra son 10 x 6 x 5 mm.

1 Corte dos tiras de 80 mm de hilo metálico de perfil semicircular de 1,5 x 1,5 mm aproximadamente. En la cara plana central de una de las tiras, use una lima semicircular para limar una muesca con el fin de que la otra tira se pueda asentar en él. Suelde las dos piezas con soldadura dura.

2 Doble una tira de hilo metálico redondo de 1 mm para realizar un rectángulo de 6 x 4 mm, con la unión que quede a la mitad del lado ancho. Suelde esta unión con soldadura dura. Pase un trozo diminuto de soldadura fluida por cada esquina para reforzarla mientras suelda la junta.

3 Lime las cuatro esquinas del rectángulo para aplanarlas un poco. Colóquelo sobre los hilos semicirculares soldados y ajústelos para que se extiendan desde cada esquina del rectángulo. Suelde las dos piezas para unirlas.

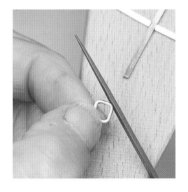

4 Una vez desoxidado, enjuagado y secado el conjunto, corte la zona cruzada del hilo semicircular, a menos que vaya a utilizarlo como unión de la pieza principal.

5 Realice ahora otro rectángulo exactamente igual que el anterior con hilo metálico redondo de 1 mm, pero con los lados de 10 x 6 mm. Con unos alicates, doble cada esquina del marco desde el primer rectángulo, de modo que el segundo quede paralelo al primero.

6 Suelde el segundo rectángulo. Coloque la piedra en la montura para comprobar el ajuste. Los hilos que harán de garras deben quedar en las cuatro esquinas. En este momento, suéldelo a la pieza principal.

7 Realice una señal en el lugar que quiere cortar cada garra y córtela con la sierra. Lime una pequeña hendidura en el interior de la garra, donde se posará la cintura de la piedra. Empuje las cuatro garras hacia la piedra.

Lección 63: Realizar un cono

Un engaste con forma de cono se utiliza a veces para montar una piedra tallada. El cono seguirá la forma de la piedra desde el filetín hasta la culata. Un cono es sencillo de elaborar si se trabaja con una fórmula. Observe la piedra que quiere montar y, a partir de la misma, decida la forma del cono que necesita. Calcule el diámetro de la piedra.

1 Dibuje el cono visto de lado. La parte de arriba medirá lo mismo que el diámetro de la piedra, y el lateral seguirá la diagonal. Haga que las diagonales se encuentren en un punto que quedará más abajo de la culata de la piedra. Marque en el dibujo la altura requerida del cono.

2 Coja un compás y ábralo desde arriba hasta la punta. Ahora dibuje un arco de más o menos medio círculo.

3 Cierre el compás hasta que quede a la distancia de la línea que marca la altura del cono y trace otro arco dentro del primero.

4 Para encontrar la longitud de la circunferencia necesaria, multiplique el diámetro de la parte de arriba del cono por 3,142 (π) y marque la longitud por el arco exterior. Utilice un compás de puntas fijas abierto a una quinta parte de la longitud y páselo por el arco cinco veces.

5 Una vez marcada la longitud necesaria, coja un lápiz y una regla y trace una línea desde allí hasta el punto de partida.

6 Sombree el área entre los arcos y las líneas. Esta área sombreada es la forma del metal que necesitará cortar para realizar el cono. Transfiérala al metal antes de cortarlo (véase p. 50).

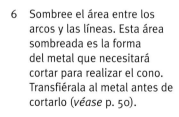

Unidad: Crear texturas

Crear una textura implica alterar la superficie lisa de un metal para darle un relieve concreto o un aspecto similar a las telas. Hay muchas maneras distintas de conseguir este acabado: hay joyeros que utilizan un martillo, otros calor, otros usan pequeños punzones y otros el laminador.

TRUCOS PARA CREAR TEXTURAS

Prepare el metal: Elimine las rayas lijando con papel húmedo y seco, empezando por uno de grado 220, luego 320, 400 y finalmente 600. Texturice siempre metal que haya sido templado previamente. Cuando trabaje con plata, temple y desoxídela tres veces para conseguir una superficie blanda y lisa.

Utilice herramientas de madera: Si el metal texturizado ha de moldearse o doblarse de alguna forma, utilice mazas de madera o de plástico para evitar dañar la textura.

Tenga cuidado con el laminador: Si usa el laminador para crear textura, no ponga ningún material en los rodillos que sea más duro que el acero de los mismos. Si no está seguro de la dureza, use una hoja de cobre de 1 mm de protección que colocará entre el material y los rodillos.

Trabaje sobre una superficie de metal: Cuando esté dando textura con un martillo, para obtener un resultado óptimo sostenga la pieza sobre una superficie de metal. Puede que tenga que templar la pieza durante este proceso.

Oculte las líneas de soldadura: Las líneas en las juntas soldadas pueden estropear la textura de una pieza. Si es posible, coloque la soldadura donde no vaya a fluir por encima de todo el relieve. (Soldar desde atrás es también una buena opción.) Sin embargo, si coloca el anillo en un mandril y pone un poco del material que ha utilizado para dar textura sobre la unión, lo puede golpear con un martillo de metal hasta que ésta resulte invisible.

La textura provoca un efecto tan instantáneo y maravillosamente detallado que se ha convertido en un recurso muy utilizado. Desde el frágil contorno de una pluma, hasta los dibujos geométricos hechos con pequeñas piezas de otro metal. Las posibilidades de estampar diseños con la ayuda de un laminador son infinitas. La superficie de la plata puede asemejarse a la superficie lunar mediante una aplicación cuidadosa de calor. Pequeños buriles y cortadores se pueden utilizar con el motor colgante para utilizar líneas y cruces, además de dibujos con hendiduras.

Casi todas las texturas se crean mientras el metal está todavía en forma de lámina o plancha y antes de empezar a cortarlo. Esto es debido a que normalmente implica cierto estiramiento del material, lo cual deformaría cualquier pieza que ya ha sido cortada a tamaño.

PENDIENTES CON TEXTURA

Estos pendientes con cierre a presión muestran cómo una textura suave es capaz de aportar un valor añadido al diseño.

ACABADOS EN PLATA

La superficie plateada del broche (derecha) se realizó antes de aplicar la pieza decorativa central. La superficie plateada del colgante (izquierda) se ha conseguido con una herramienta del motor colgante.

Lección 64: Crear texturas con el laminador

Para este método, utilice algún papel grueso de acuarela de textura áspera.

1 Corte un trozo de 6 x 3 cm de una lámina de plata de 1 mm de grosor. Temple y desoxide la pieza al menos tres veces hasta que quede absolutamente blanca, y luego séquela bien. Preséntela al laminador para ver por dónde la sostendrá y manténgase en esa posición. Para que adquiera la textura, debe haber una buena presión sobre el metal.

2 Corte un trozo de papel lo bastante grande como para envolver el metal por ambos lados. Ponga el sándwich de papel y metal en el laminador y gire la manivela para hacerlo pasar hasta el otro lado. ¡Puede que le resulte bastante difícil!

3 Tire lo que queda del papel —verá que no se puede volver a utilizar— y observe la suave textura que ha creado.

TEXTURA CON GRABADO

El grabado consiste en la eliminación física de metal mediante su exposición a un ácido específico. Para el cobre y la plata se puede utilizar ácido nítrico, aunque para el cobre también se puede usar cloruro férrico. El ácido nítrico para grabar se utiliza en una solución de cuatro partes de agua por una de ácido. Añada siempre el ácido al agua, no al contrario. Para hacerlo, use un recipiente de cristal o pirex con tapa. A veces, el ácido nítrico puede tardar un poco en "arrancar". Meta un trozo pequeño de cobre sobrante en la solución durante unos minutos, ya que esto parece ayudar a ponerlo en movimiento. Para meter y sacar material del ácido use solamente pinzas de plástico o de acero inoxidable, y lleve guantes de goma y algún tipo de máscara. Intente que el recipiente esté en una zona ventilada.

El ácido grabará sólo las zonas expuestas del metal, de modo que, para conseguir una textura interesante, se pintan con un sistema para enmascarar llamado "reserva" las zonas que no deben quedar grabadas. Se entiende que esto debe incluir el dorso y los lados del metal. Otra posibilidad es pintar toda la pieza con "reserva" y, cuando esté seca, rascar el dibujo. Cuando esto se aplica debemos pensaren cierto modo al revés, asegurándonos de que se está dejando que el ácido actúe en las zonas adecuadas.

TRUCO PARA DAR TEXTURA CON EL LAMINADOR

Experimente pasando distintos materiales por el laminador. Realice una prueba con papel de lija de grado 240, por ejemplo, que da una textura global brillante. Las hojas verdes, por ejemplo, no funcionan, porque casi desaparecen, dejando sólo una porquería húmeda y pastosa. Vale la pena experimentar con telas de distintos entramados, mallas finas, plumas y cosas similares para ver las texturas que producen. Cualquier material que sea más duro que los rodillos de acero ha de colocarse entre hojas de cobre.

Lección 65: Grabar una tira de plata

Utilice este método para dar textura a una tira de plata que convertirá en un brazalete.

1 Corte una tira de plata de 18 x 2 cm. Temple, desoxide y enfríela. Compruebe si el metal está lo bastante limpio poniéndolo bajo el grifo de agua fría: si el agua no se dispersa formando pequeños glóbulos, el metal está limpio; si lo hace, significa que contiene todavía restos de aceite y tendrá que volver a templarlo y desoxidarlo.

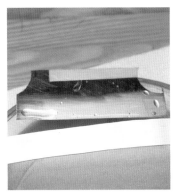

2 Manipule la pieza limpia con mucho cuidado. Si es posible, sosténgala sólo por los bordes y séquela con papel de cocina. Coloque la pieza sobre el banco de trabajo con un papel de cocina debajo, de modo que quede un poco levantada, y pinte con "reserva" todo el dorso y los lados.

3 Una vez seca la "reserva", gire la pieza. Pinte una línea de "reserva" siguiendo los bordes de la tira, a modo de marco; con eso evitará que el ácido corroa bajo los bordes enmascarados. Ahora dibuje su diseño: todas las áreas que pinta quedarán elevadas y posteriormente se podrán pulir, para contrastar con la zona grabada.

4 Espere a que se seque la reserva y sumerja la tira en el ácido nítrico con unas pinzas. Tape la solución y vigílela cada cinco minutos: el metal se oscurecerá y verá que se produce un burbujeo. Agite el recipiente con suavidad para que el ácido se mueva alrededor de la pieza.

5 Una vez acabado el grabado, la pieza está lista para moldearse y acabarse como usted quiera;

PROYECTOS DE PRÁCTICA

Utilice esta técnica para realizar la pintura grabada; p. 130.

TRUCOS PARA GRABAR

Para comprobar la profundidad del grabado, saque la pieza con cuidado del ácido y enjuáguela bajo el grifo de agua fría. Séquela con papel de cocina y observe los bordes que quedan entre la "reserva" y el metal. Deberá observar un pequeño desnivel. De lo contrario, vuelva a sumergir un rato más la pieza en el ácido. Una vez el desnivel tenga la suficiente profundidad, sáquela del ácido, enjuáguela y séquela.

Coloque la pieza en el ladrillo de soldar y caliéntela hasta que la "reserva" se haya quemado. Límpiela frotando con un cepillo de latón y jabón líquido.

Lección 66: Crear textura con calor

Hay dos maneras de dibujar texturas en el metal a base de calor. La primera se da cuando se le aplica el calor suficiente para empezar a fundir la superficie (fusión), y la segunda es cuando la superficie del metal se desplaza por el núcleo central del mismo, empezando a fundirse (reticulado). Ambos procesos se completan antes de que se proceda a cualquier soldadura. Como la cantidad de calor que se precisa se acerca tanto al punto de fusión del metal, cualquier soldadura anterior se quemaría.

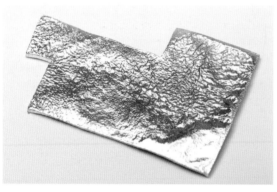

METAL FUNDIDO
La plancha de metal fundido, después de una rigurosa desoxidación.

FUSIÓN

Coloque un trozo de plata en el ladrillo de soldar o en el bloque de carbón. Encienda la llama y vaya pasando el calor por toda la pieza, de modo que se reparta uniformemente. Aumente la temperatura gradualmente, hasta que vea que el metal adquiere un color rojo intenso. Concentre el calor en la zona enrojecida hasta que la superficie del metal empiece a cambiar de aspecto y se vuelva casi brillante. Observará un ligero movimiento en la superficie. Desplace la llama hasta que la siguiente porción del metal empiece a cambiar y siga desplazándola hasta que toda la superficie se haya sometido a este proceso. Retire la llama y espere un minuto o dos antes de enfriar. La pieza estará muy oxidada, de modo que le llevará más tiempo del habitual limpiarla en la solución desoxidante.

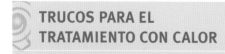

TRUCOS PARA EL TRATAMIENTO CON CALOR

Experimente antes para familiarizarse con la manera en que la superficie del metal se modifica y para saber hasta qué punto puede utilizar la llama antes de que se empiece a fundir la pieza entera.

RETICULADO

Utilice plancha de plata de un grosor superior a 1 mm. Coja un trozo pequeño y lleve la plata fina a la superficie (*véase* Lección 21, p. 59) con al menos siete templados y desoxidados. Una vez haya obtenido una superficie lisa y blanca, la pieza está lista. Conseguir el movimiento que necesita es más fácil si trabaja con dos llamas. Caliente la pieza de plata como si la estuviera templando y cuando la pieza tenga un color rojo apagado, introduzca la segunda llama: una llama más pequeña y más caliente. Concéntrela en una zona y, cuando la superficie empiece a moverse, mueva la llama pequeña a la zona siguiente. Cuando haya trabajado por toda la pieza, déjela enfriar un par de minutos antes de sumergirla en agua fría y luego desoxidarla.

METAL RETICULADO
La pieza limpia de plancha de metal reticulado, lista para limarse y moldearse.

Unidad 34: Trabajar con hilos de metal

Hay muchas ideas y diseños que se pueden realizar usando sólo hilo de metal, esta es una parte intrínseca de muchos otros aspectos de la confección de joyas. El hilo se puede utilizar con cuentas, para hacer collares, pendientes y pulseras, y no siempre tiene que soldarse: se puede pasar por las cuentas y convertir en eslabones sin tener que someterlo a ninguna fuente de calor.

TRUCOS PARA EL TRABAJO CON HILO DE METAL

Evite dejar marcas: El hilo de metal se vende normalmente templado. Cuando lo doble, utilice alicates que no dejen marcas. Los de punta redonda y plana, o semicircular y plana, son los más indicados, con la parte redondeada en el interior de la curva y la plana en el lado externo.

Arregle las puntas: Después de cortar trozos de hilo fino, arregle las puntas con una lima fina.

Hacer curvas: Cuando realice curvas, trabaje con un trozo de hilo un poco más largo de lo necesario. Obtener la curva deseada resulta más fácil si la exageramos y luego cortamos el exceso, que si tratamos de curvar un extremo corto.

Enderezar el hilo: Para alisar hilo metálico más bien fino, témplelo, sujete un extremo en las mordazas del tornillo, y apriete el otro extremo con unos alicates de estirar. Tire para dar tensión y luego déle un tirón rápido y fuerte. Para enderezar un tramo más corto de hilo más grueso, sujete la punta con un par de alicates paralelos hasta donde haya una curvatura y enderécelo. Desplace esta zona hacia abajo de los alicates y enderece el tramo siguiente. Prosiga hasta que esté todo recto.

Endurecer: Para endurecer un trozo de hilo de sección redonda, enróllelo en un plano llano de acero o encima de un yunque y luego golpéelo con un martillo de joyero. Para endurecer los pernos de los pendientes una vez soldados, sujete la aguja lo más cerca posible del dorso del pendiente con un par de alicates de puntas planas. Luego sujete la punta del perno del pendiente con otro par de alicates iguales y dé (al hilo) un giro de 180º.

El hilo de metal se encuentra en muchas formas y tamaños distintos. El hilo más utilizado es el de sección redonda desde 0,25 mm –el hilo de *cloisonné*– hasta de 6 mm, que se utiliza casi siempre para hacer brazaletes y collares. Es buena idea tener siempre un poco de hilo a mano; los tamaños que encontrará más útiles son el de 0,8, 1 y 1,5 mm.

Encontrará más información sobre los distintos perfiles de hilo en la Unidad 5, p. 21.

DETALLE DE HILO DE ORO
Unas ondulaciones delicadas de hilo de oro alrededor de la montura del diamante solitario completa la sensación orgánica de este anillo que imita una rama.

BOLITAS DECORATIVAS
Unas bellas bolas de oro diminutas adornan estos anillos de oro y ópalos.

Lección 67: Retorcer hilo de metal

Cuando se retuercen juntos hilos de distintas formas, se convierten en algo totalmente distinto a sus formas originales. Pueden convertirse en anillos o formar un marco delicado para una piedra; se pueden convertir en collares o complicadas cadenas... Sólo hay que tener un poco de imaginación para lograr piezas absolutamente originales. Para empezar, aquí tenemos cómo hacer un giro simple.

1 Enrolle un trozo de hilo metálico de 6 cm y de 1 mm de sección redonda y colóquelo sobre el ladrillo de soldar. Témplelo con cuidado (*véase* p. 59). Enfríe, desoxide y seque.

2 Realice un gancho con un viejo colgador de camisas que pueda ajustar a un taladro manual. Abra el hilo enrollado y dóblelo por la mitad. Coloque los dos extremos juntos en las mordazas serradas del tornillo.

3 Ajuste bien el tornillo para que queden bien sujetos. Tire con cuidado hacia el extremo doblado y engánchelo en el gancho. Asegúrese de que el hilo todavía no está torcido.

4 Gire la manivela del taladro con un movimiento suave y continuo y observe cómo el hilo se va retorciendo. Deje de girarla cuando esté satisfecho con la curvatura conseguida.

5 Retire el hilo del gancho y del tornillo y colóquelo en el ladrillo de soldar. Pinte con fundente toda su longitud y coloque trocitos pequeños de soldadura dura cada 5 mm aproximadamente. Haga correr la soldadura. Ahora el hilo está listo para su uso y se puede doblar y trabajar sin que se abra.

IDEAS PARA RETORCER HILO DE METAL

Intente retorcer un hilo de sección triangular o cuadrada con otro de sección redonda, o añada un tercer hilo redondo al ya retorcido. Una vez soldado, se puede batir con un martillo para darle una superficie plana o se puede pasar por un laminador suavemente o con fuerza. ¡Pruebe y experimente!

Lección 68: Ensartar cuentas para hacer un collar

Ensartar cuentas para hacer un collar es un verdadero placer, y saber colgar una cuenta de un collar o de un pendiente le abrirá un sinfín de posibilidades. Si le es posible, trabaje con plata fina porque no se oxida y es muy maleable, pero si prefiere que tenga más cuerpo utilice plata estándar.

1 La mayoría de cuentas tienen un agujero de 0,5 mm, o un poco menor. Deberá saber el tamaño del agujero antes de empezar y, si es necesario, reducir un poco de hilo de 0,5 mm en el calibre (*véase* p. 104) para poder insertarlo en el agujero. Empiece con un trozo de hilo más largo del que crea que va a necesitar. En un extremo del hilo, haga un bucle con unos alicates de punta plana y redonda.

2 Lleve el extremo más corto alrededor para redondear el bucle y luego enróllelo por el largo dos o tres veces. Corte el resto lo más ajustado posible al hilo.

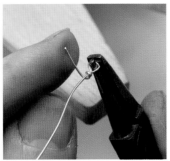

3 Pase una cuenta por el hilo. En el punto en el que el hilo sale de la cuenta, apriételo hacia abajo para aplanarlo por encima de la misma.

4 Sostenga el hilo con los alicates y forme un bucle, tal como se muestra. Enrolle la punta como antes. Corte la punta del hilo cerca del bucle y con una lima fina de aguja alise el extremo.

5 Envuelva la punta por el hilo que sale de la cuenta, bajándolo hacia la parte superior de la cuenta. Ahora realice el eslabón hacia la cuenta siguiente. Mientras esté haciendo este bucle de abajo, páselo por el bucle de arriba de la primera cuenta y luego repita el proceso de insertar otra cuenta.

6 Realice los bucles lo bastante grandes para dejar que la cadena se mueva libremente, pero no tanto como para que queden desproporcionados respecto a las cuentas. Una vez tenga un collar lo bastante largo para su pieza, pase una anilla y un cierre en los extremos de la misma manera.

Lección 69: Realizar anillas

Utilice este método para realizar anillas con un diámetro externo de unos 5 mm y con hilo de 1 mm.

1 Temple un rollo de hilo de metal de 30 cm. Enfríe, desoxide y séquelo bien. Sujete horizontalmente una horma de acero en las mordazas del tornillo. Dé una vuelta de hilo alrededor de la horma y sujétela fuerte con la horma en el tornillo de banco, dejando libre el resto de hilo. Coja el otro extremo de hilo metálico y empiece a enrollarlo bien apretado alrededor de la horma. Prosiga hasta que tenga todo el hilo enrollado.

2 Para cortar los aros, trabaje en la astillera del banco. Sujete el rollo en la horma y deslice los aros por el extremo, uno o dos cada vez, y vaya cortándolos uno a uno. La idea es hacer cortes limpios y muy rectos a través del hilo.

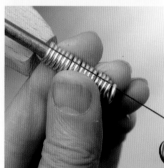

3 Deje que las anillas vayan cayendo en la bandeja de cuero o cajón de debajo del banco. Con el fin de prepararlos para soldar, coja unos alicates de puntas planas en cada mano y sujete un lado de la anilla con los alicates de la izquierda. Sujete el otro lado con los otros alicates.

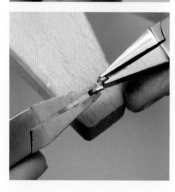

4 Junte los dos lados girando las manos.

TRUCOS PARA REALIZAR ANILLAS

Juzgar el tamaño de las anillas: Cuando fabrique anillas, haga siempre más de las que necesita. Las más pequeñas no tienen más de unos 3 o 4 mm de diámetro externo y se pueden realizar con hilo de metal de 0,5 mm, y cualquier tamaño hasta 7 u 8 mm de diámetro externo se puede hacer con hilo de 1 mm. Las anillas mayores deben incrementarse de tamaño proporcionalmente. Aprenderá rápido a juzgar si una anilla parece del tamaño adecuado en comparación con su pieza.

Soldar cantidades grandes de anillas: Cuando se hacen cadenas u otras piezas que precisan muchas anillas, suelde todas las que pueda de golpe. Colóquelas lo menos separadas posibles sobre el ladrillo de soldar con todas las juntas hacia el mismo lado. Ponga fundente en cada unión y luego coloque un trocito minúsculo de soldadura encima. Caliente cada una individualmente y pase a la siguiente cuando vea el brillo plateado de la soldadura que fluye.

Lección 70: Formar bolas en las puntas del hilo de metal

Muchas veces las puntas de un hilo tienen mejores acabados si se redondean, en vez de dejarlas con el corte seco. Los diseños que se realicen principalmente con hilo de metal suelen tener los extremos redondeados, fundidos en pequeñas bolas. Puede que le cueste dar con la técnica correcta.

1   Sostenga un trozo de hilo de metal con un par de pinzas protectoras, de modo que quede un tramo de unos 2,5 cm asomando por abajo. Moje el hilo en fundente, para mantenerlo limpio y dejar que se transforme en una cuenta con facilidad. Acerque una llama caliente y más bien corta a la zona superior de la base del hilo, y juegue allí hasta que vea que el metal empieza a rizarse.

2   Deje que la bola suba hasta que haya doblado el diámetro del hilo y luego retire la llama. Cuando la bola enrolle el hilo, no deje que se caliente más porque es fácil que se le funda todo. Enfríe, desoxide y seque.

Lección 71: Realizar bolas

Las bolitas de plata o de oro son muy sencillas de hacer y en una joya pueden resultar muy decorativas.

1   Corte tramos de 4 mm de hilo de oro o de plata de 1 mm de diámetro. Coloque los trozos de hilo en hendiduras del ladrillo de carbón y aplique una llama caliente y dura hasta que cada uno se encorva formando una bola.

2   Deje rodar cada bola un segundo o dos antes de pasar a la siguiente.

3   Una vez realizadas todas las bolas, déjelas enfriar. Para desoxidarlas, métalas en un recipiente de plástico con tapa, llénelo con solución caliente, tápelo y déjelas reposar hasta que estén limpias. Mientras tanto, humedezca el bloque de carbón con un poco de agua; de lo contrario, seguirá quemando.

Proyectos de práctica

A medida que vaya avanzando por este curso estructurado, aprenderá a poner las técnicas en práctica y a crear una selección de piezas muy atractivas. Cada proyecto ha sido diseñado especialmente para permitir que usted desarrolle sus habilidades de manera progresiva a medida que va aprendiendo, y demuestre cómo combinar diseños magníficos con consideraciones prácticas, como, por ejemplo, la elección de materiales.

1

UNIDADES
12 • 14 • 15 • 16 • 18
21 • 22 • 24 • 32

Anillo con cabujón engastado

(página 126)
Este proyecto consta de un anillo de plata con una piedra tipo cabujón montada con un engaste en chatón. Necesitará encontrar las medidas correctas tanto del anillo como del engaste de la piedra. El aro puede ser de la anchura que le guste, pero el engaste de la piedra no debe ser más ancho que la tira del aro.

TÉCNICAS
Unidad 12 Medir
Unidad 14 Perforar
Unidad 15 Templar
Unidad 16 Enfriar y desoxidar
Unidad 18 Moldear
Unidad 21 Soldar
Unidad 22 Limar
Unidad 24 Pulir y acabar una pieza
Unidad 32 Engastar piedras

2

UNIDADES
14 • 16 • 21
22 • 27 • 28

Gemelos de fundición

(página 129)
Estos atractivos gemelos se realizan utilizando el método de la fundición con hueso de sepia para obtener unas superficies interesantes. Usted puede diseñar sus propias texturas tallándolas directamente en el hueso, o realizar las huellas con objetos, como conchas, en el mismo molde.

TÉCNICAS
Unidad 14 Perforar
Unidad 16 Enfriar y desoxidar
Unidad 21 Soldar
Unidad 22 Limar
Unidad 27 Accesorios
Unidad 28 Piezas fundidas

3

UNIDADES
12 • 14 • 15 • 16 • 17
18 • 21 • 22 • 33

Brazalete grabado

(página 130)
Realizar un brazalete abierto es una manera muy práctica y sencilla de poder prescindir de la medida exacta. Las proporciones de la tira que aquí se muestra pueden variar. La decoración grabada se puede adaptar a cualquier diseño, y también puede utilizar otro método para crear texturas.

TÉCNICAS
Unidad 12 Medir
Unidad 14 Perforar
Unidad 15 Templar
Unidad 16 Enfriar y desoxidar
Unidad 17 Limpiar
Unidad 18 Moldear
Unidad 21 Soldar
Unidad 22 Limar
Unidad 33 Crear textura

4

UNIDADES
14 • 15 • 19
21 • 22 • 24

Pendientes decorados con hilo de oro

(página 132)

Realizar este par de pendientes proporciona una excelente práctica de soldadura, puesto que se emplean soldaduras blanda, media y dura. Como decoración se ha utilizado hilo de oro de 0,5 mm de diámetro, pero también se pueden realizar con hilo de plata.

TÉCNICAS

Unidad 14 Perforar
Unidad 15 Templar
Unidad 19 Cortar
Unidad 21 Soldar
Unidad 22 Limar
Unidad 24 Pulir y acabar una pieza

5

UNIDADES
14 • 15 • 16 • 17
21 • 22 • 31 • 33

Colgante con textura

(página 134)

La textura de este colgante se ha hecho pasándolo por un laminador con un trozo de tela; en este caso, encaje, que produce un dibujo muy marcado.

TÉCNICAS

Unidad 14 Perforar
Unidad 15 Templar
Unidad 16 Enfriar y desoxidar
Unidad 17 Limpiar
Unidad 21 Soldar
Unidad 22 Limar
Unidad 31 Usar un laminador
Unidad 33 Crear texturas

6

UNIDADES
12 • 14 • 15 • 16 • 18
21 • 22 • 24 • 26 • 27

Broche circular

(página 136)

El diseño de este broche muestra dos acabados complementarios, y cortar los círculos le permitirá probar sus habilidades de calado. Este proyecto incluye también una decoración con oro amarillo y blanco, que debe soldarse de una manera especial.

TÉCNICAS

Unidad 12 Medir
Unidad 14 Perforar
Unidad 15 Templar
Unidad 16 Enfriar y desoxidar
Unidad 18 Moldear
Unidad 21 Soldar
Unidad 22 Limar
Unidad 24 Pulir y acabar una pieza
Unidad 26 Agujerear
Unidad 27 Accesorios

VÉASE TAMBIÉN
Unidad 12, Medir, p. 46
Unidad 18, Moldear, p. 64
Unidad 32, Engastar piedras, p. 108

Proyecto 1: Anillo con cabujón engastado

Este proyecto muestra un anillo de plata con un cabujón montado con un engaste en chatón. Necesitará saber la longitud adecuada tanto para el aro del anillo como para el engaste de la piedra. El anillo puede tener el ancho que usted quiera, pero el engaste no debe ser más ancho que el aro.

MATERIAL:
Plancha de plata de 1,5 mm
Plancha de plata de 1 mm
Plancha de plata u oro de 0,5 mm
Fundente
Soldadura de plata: dura y
   blanda
Solución desoxidante
Cabujón de dorso plano

HERRAMIENTAS:
Compás de puntas fijas
Regla
Sierra
Alicates semicirculares
Ladrillo de soldar
Soplete
Papel de cocina
Mandril redondo
Maza
Alicates paralelos
Alambre de sujetar
Papel de lija
Blue tack o cera virgen
Tornillo manual
Punzón, o martillo y buril
Bruñidor

1   Abra el compás de puntas fijas hasta el ancho que haya decidido de la banda del anillo. Hágalo correr por el canto de la plancha de plata de 1 mm hasta la medida necesaria. (Véase p. 47 para calcular la longitud.) Perfore por la línea. Temple la tira, enfríela y desoxide.

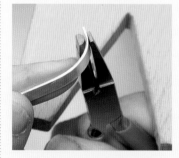

2   Utilice un par de alicates de punta semicircular, con la cara semicircular en la curva interior de la plata, a fin de doblar el anillo hasta dejarlo listo para soldar.

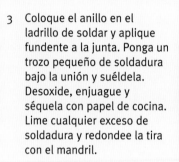

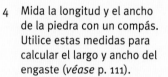

3   Coloque el anillo en el ladrillo de soldar y aplique fundente a la junta. Ponga un trozo pequeño de soldadura bajo la unión y suéldela. Desoxide, enjuague y séquela con papel de cocina. Lime cualquier exceso de soldadura y redondee la tira con el mandril.

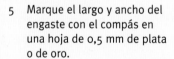

4   Mida la longitud y el ancho de la piedra con un compás. Utilice estas medidas para calcular el largo y ancho del engaste (*véase* p. 111).

5   Marque el largo y ancho del engaste con el compás en una hoja de 0,5 mm de plata o de oro.

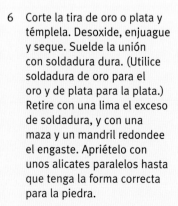

6   Corte la tira de oro o plata y témplela. Desoxide, enjuague y seque. Suelde la unión con soldadura dura. (Utilice soldadura de oro para el oro y de plata para la plata.) Retire con una lima el exceso de soldadura, y con una maza y un mandril redondee el engaste. Apriételo con unos alicates paralelos hasta que tenga la forma correcta para la piedra.

7 Coloque el engaste sobre una plancha de plata de 1,5 mm. Ponga fundente alrededor de la junta y utilice soldadura dura de plata para soldarlo a ella. Cuando suelde oro sobre plata, utilice soldadura de plata.

8 Una vez soldado, sierre con un arco de sierra el exceso de metal alrededor del engaste. Lime por el borde exterior hasta que la línea de soldadura ya no se vea.

9 El fondo del engaste debe adaptarse a la forma del anillo. Colóquelo sobre una lima ovalada o semicircular con un perfil similar al de la banda del anillo. Manténgalo recto y rebájelo con la lima.

10 Vaya limando hasta que la montura se adapte perfectamente a la parte externa del anillo.

11 Envuelva la montura y el anillo juntos con alambre de sujetar, listos para soldarse.

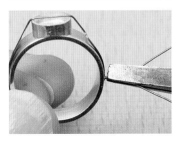

12 Coloque el anillo en el ladrillo de soldar. Aplique fundente y ponga trocitos de soldadura blanda alrededor de la junta. Ahora acerque la llama cuidadosamente a la base del anillo. Vaya incrementando el calor gradualmente hasta que se funda toda la soldadura. Una vez soldado, desoxide, enjuague y seque. Lime todo lo necesario y limpie el anillo con papel de lija antes de montar la piedra.

13 Ponga un poco de cera virgen encima de la piedra (esto ayuda a meterla y sacarla del engaste). Lime la parte superior del engaste hasta que la piedra se asiente correctamente en el mismo. (El engaste debe quedar en la parte de la piedra que justo empieza a curvarse. Si es demasiado alto, es más difícil montar la piedra.)

14 Sostenga una lima plana a 45º respecto al borde superior del engaste y lime todo el borde para afinarlo un poco.

15 Disponga el anillo en un tornillo de mano. Coloque la piedra en el engaste y con el formón empiece a empujar por el borde de arriba. Empuje por un lado, luego déle la vuelta al anillo y empuje por el opuesto. Siga empujando por lados opuestos hasta que el engaste abrace limpiamente la piedra.

17 Cuando el engaste esté colocado limpiamente alrededor de la piedra no debería haber ninguna imperfección. Si es preciso, límpielo con la punta de una lima plana, manteniendo el pulgar sobre la piedra para protegerla. Pula los bordes con el bruñidor.

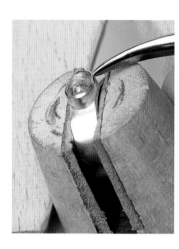

16 De manera opcional, si nota que el engaste es demasiado duro como para moldearlo presionando, ponga la abrazadera y el anillo en un tornillo y utilice un pequeño punzón y un martillo para empujarlo. Trabaje igualmente por los lados opuestos. Apoye el lado pulido del punzón encima del borde del engaste y golpee con mucha suavidad.

ANILLOS ACABADOS
Estos anillos demuestran cómo se puede partir de la técnica básica y variar el perfil del aro, la altura y el grosor del engaste, y el tipo y la talla de la piedra para lograr un sinfín de efectos.

Proyecto 2: Gemelos de fundición

Para realizar estos atractivos gemelos de fundición se ha utilizado el molde de hueso de sepia para producir texturas interesantes. Usted puede dibujar sus propias texturas y cenefas tallándolas directamente en el hueso, o imprimiendo objetos hallados sobre el mismo, como por ejemplo conchas marinas. Para este proyecto se ha utilizado la tira de plata realizada en la Lección 50, p. 97. El pasador de los gemelos se puede soldar una vez acabada la pieza.

VÉASE TAMBIÉN
Unidad 27, Accesorios, p. 92
Unidad 28, Piezas fundidas, p. 96

MATERIAL:
Plata de ley
Matrices de plata de fundir
Hueso de sepia
Solución desoxidante
Pasadores de gemelos
Hilo de plata de 1 mm
Soldadura blanda

HERRAMIENTAS:
Sierra de calar y hoja gruesa
Limas
Soplete
Cepillo blando de latón y jabón líquido o pulidor eléctrico

1 Funda la tira de plata tal como se muestra en la Lección 47, p. 97. Desoxídela y sierre el bebedero. Corte las formas para los gemelos del trozo de plata. Siga las líneas curvas del dibujo en un extremo de la pieza, y corte recto por el otro.

2 Rebaje los cantos afilados y los bordes con una lima; luego suavice la base con una lima grande y plana.

3 Para hacer los gemelos un poco más ligeros, con una lima plana quite parte del metal de debajo haciendo una curva hasta el borde.

4 Los accesorios que hemos utilizado aquí tienen las bases perforadas: utilícelos para colocarlos en el centro del dorso del gemelo. Suelde un trozo de hilo de plata de 1 mm en el dorso con soldadura dura.

5 Coloque el accesorio encima de la aguja y suéldela con soldadura blanda. Corte el trozo sobrante de la aguja central del accesorio y límelo hasta que esté enrasado.

LOS GEMELOS ACABADOS
Los gemelos se acabaron cepillándolos con un cepillo suave de latón y jabón líquido.

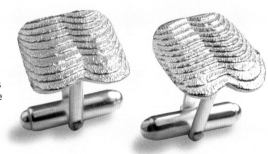

VÉASE TAMBIÉN
Unidad 12, Medir, p. 46
Unidad 33, Crear texturas, p. 115

Proyecto 3: Brazalete grabado

Realizar un brazalete abierto es una manera sencilla y práctica de poder prescindir de la medida exacta. Cuando se ponga y se saque de la muñeca, estará sujeto a cierto grado de presión, de modo que la hoja de metal que utilice deberá tener un grosor de al menos 1 mm. Para obtener una forma bonita, suelde el brazalete para cerrarlo y luego déle forma en el mandril antes de volver a abrirlo.

MATERIAL:
Plancha de plata de al menos
   1 mm de grosor
Reserva
Solución de ácido nítrico (4
   partes de agua: 1 parte de ácido)
Solución desoxidante
Fundente
Soldadura de plata

HERRAMIENTAS:
Sierra de calar
Dos listones de madera
Pincel pequeño
Pinzas de plástico o de acero
   inoxidable
Recipiente de plástico
Papel de cocina
Soplete
Limas
Ladrillo de soldar
Bloques de carbón
Mandril ovalado
Maza
Papeles de lija
Estropajo fino de acero con
   jabón líquido

1   Sierre una tira de 2 x 18 cm de plancha de plata de 1 mm. Temple, enjuague y seque la tira sin tocarla con los dedos. Déjela plana sobre dos instrumentos manuales o sobre dos listones de madera y luego puntee los bordes de la tira y el dibujo elegido en la superficie con la "reserva".

2   Cuando esté seca por arriba (al cabo de 20-30 minutos), déle la vuelta y cubra el dorso con "reserva". Deje secar.

3   Coja la tira con las pinzas de plástico o de acero inoxidable y métala en un recipiente de plástico con la solución de ácido nítrico. Incline ligeramente el recipiente, si hace falta, hasta que la tira esté totalmente sumergida en la solución ácida. Cada cinco minutos remueva un poco el recipiente para que el líquido se mueva por encima de la plata. El grabado debería tardar unos veinte minutos.

4   Coja la tira con las pinzas y enjuáguela bajo el chorro de agua fría. Séquela delicadamente con papel de cocina. Si ve que el grabado no es todavía lo bastante profundo, vuelva a meter unos cuantos minutos la tira en la solución ácida. Cuando esté lo bastante grabada, temple la plata para quemar la reserva. Desoxide, enjuague y seque.

5   Doble la banda hasta que los dos extremos se toquen. Empújelos más allá y luego hágalos retroceder hasta que queden juntos. Si no se tocan limpiamente, ponga una lima plana entre los dos bordes y límelos hasta que cuadren.

6 Coloque la tira sobre el ladrillo de soldar. Monte un "horno" colocando bloques de carbón en los laterales y en el fondo para ayudar a concentrar el calor.

7 Moje la unión con fundente y ponga tres o cuatro trocitos de soldadura dura por su dorso. Suéldela con una llama grande. Desoxide, enjuague y seque la pieza. Elimine cuidadosamente con una lima cualquier exceso de soldadura de delante y debajo de la unión.

8 Moldee la pulsera con una maza en un mandril oval. Con la maza puede golpear bastante fuerte, lo cual aportará cierta tensión a la plata.

9 Corte la soldadura con una sierra. Debería separarse con un movimiento de muelle.

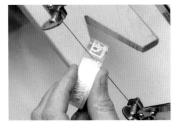

10 Abra la tira volviéndola a colocar en el mandril y golpeándola con la maza hasta que adquiera la forma correcta.

11 Redondee los bordes de la obertura con una lima, de modo que el brazalete no moleste al ponerlo y quitarlo. Lime y limpie todo lo que sea necesario en los bordes.

12 Limpie el interior del brazalete con un poco de papel de lijar, húmedo y seco. Ahora se puede acabar la pieza con una serie de papeles de lija, o sencillamente poniéndola bajo el chorro de agua fría y frotándola suavemente con un estropajo fino de acero con jabón líquido.

EL BRAZALETE ACABADO

Este ejemplo fue acabado con un estropajo fino de acero. Los bordes se suavizaron y redondearon ligeramente con una lima.

Proyecto 4: Pendientes con hilo de oro

La realización de este par de pendientes nos da la oportunidad de practicar mucho con las soldaduras, ya que emplea soldaduras dura, media y blanda. Los pendientes llevan hilo de oro de 0,5 mm como decoración, pero también se pueden hacer con hilo de plata.

VÉASE TAMBIÉN
Unidad 21, Soldar, p. 72
Unidad 34, Trabajar con hilo de metal, p. 119

MATERIAL:
Hilo de 3 x 1,5 mm (calibre 8) de sección en D
Hilo de oro o de plata redondo de 0,5 mm (calibre 24)
Fundente
Soldadura: dura, media y blanda
Accesorios de pendientes de pernos y cierre a presión

HERRAMIENTAS:
Sierra
Soplete
Tenazas
Limas
Ladrillo de soldar
Pincel pequeño
Papeles de lijar, húmedo y seco
Pinzas
Estropajo de acero fino y jabón líquido (opcional)

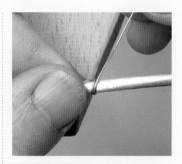

1   Temple el hilo de 0,5 mm. (Puede que no necesite hacerlo. Intente doblarlo con cuidado para comprobarlo.) Sostenga un extremo del hilo contra la sección en D con los dedos. Envuelva el hilo más fino todo lo ajustado que pueda alrededor del hilo en D con la otra mano. Rodéelo al menos ocho veces y luego sáquelo deslizándolo.

2   Corte dos trozos de 25 mm del hilo de sección en D. Corte los extremos en ángulo con la sierra. Corte dos trozos de 15 mm con un ángulo similar arriba y abajo.

3   Con un par de tenazas abra cada trozo de hilo fino por la parte plana del perfil.

4   Empuje los dos trozos del hilo fino hacia los trozos más largos del hilo en D. Apriete un trozo sobre cada uno de los trozos más cortos. Cuando suelde los dos trozos en D, los hilos deberán quedar alineados. Ponga fundente al hilo, coloque trocitos de soldadura dura en cada punta y suelde. Intente no soldar el hilo en la base plana.

5   Ahora prepárese para soldar los dos trozos de hilo en D. Primero elimine con una lima el exceso de hilo de oro de los laterales a juntar.

6   Con las tenazas, corte el hilo de la parte plana de la sección en D.

7 Lime hasta que no quede ningún resto.

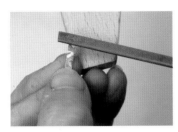

8 Coloque los dos tramos de hilo en D sobre el ladrillo de soldar, y procurando que los hilos decorativos queden alineados, y ponga un poco de fundente en el medio. Ponga trocitos diminutos de soldadura media en cada extremo y uno o dos en el centro. Suéldelos. Retire el exceso de soldadura con una lima fina y use un poco de papel de lijar de grado 400 húmedo y seco para limpiar el dorso.

9 Coloque el pendiente boca abajo en el ladrillo de soldar. Ponga un poco de fundente en el lugar en el que debe ir el perno y añada un trocito de soldadura blanda. Sostenga el perno con unas pinzas. Caliente el pendiente sosteniendo el soplete con la otra mano y, cuando la soldadura empiece a correr, hunda el perno en el charquito de soldadura. Sostenga ahí un segundo o dos y luego retire la llama. Sostenga el perno unos segundos más; luego coja todo el pendiente y métalo en la solución desoxidante.

10 Repita los pasos del 3 al 9 para realizar el siguiente pendiente y luego, para darles un acabado mate, púlalos con papel de lija y tal vez un estropajo fino de acero con jabón líquido. Coloque los accesorios de cierre a presión en los pernos de los pendientes.

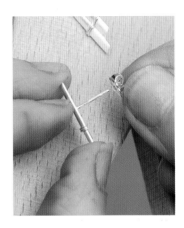

LOS PENDIENTES ACABADOS
La combinación de plata con decoración de oro, como en estos elegantes pendientes, añade un interés real a una pieza de joyería.

Proyecto 5: Colgante con textura

La textura de este colgante se consiguió pasando el metal por el laminador con un trozo de tela. Usted puede adaptar la técnica utilizando muchos tipos de telas distintas, incluso papel para pintar con acuarela. En este proyecto se ha utilizado encaje, que produce una cenefa muy marcada y un gran efecto.

VÉASE TAMBIÉN
Unidad 15, Templar, p. 58
Unidad 31, Usar un laminador, p. 106
Unidad 33, Crear texturas, p. 115

MATERIAL:
Trozo de plancha de plata
  de 1,2 mm (calibre 16) de
  aproximadamente 8 x 5 cm
3 trozos de tubo de plata de
  unos 3 mm de diámetro y
  3 mm de largo
Tela o papel con textura
Solución desoxidante
Fundente
Soldadura: dura y blanda
Lámina de mica

HERRAMIENTAS:
Soplete
Ladrillo de soldar
Papel de cocina
Laminador
Dos trozos planos de metal
Martillo
Regla
Lápiz mecánico o punzón
Limas
Papeles de lijar
Alicates de punta redonda y
  plana
Estropajo fino de acero y jabón
  líquido
Sierra de calar
Gamuza para plata

1 Temple la plata al menos tres veces (*véase* p. 59). Deje cada vez la plata en la solución ácida como mínimo cinco minutos. Al final de este proceso, la capa resultante de plata de ley tomará bien la impresión.

2 Corte un trozo de tela mayor que la plata. Abra los rodillos hasta que tomen la plata. Sáquela. Baje los rodillos una fracción y coloque la tela encima de la plata. Sostenga ambos materiales frente a los rodillos y páselos por ellos.

3 La plata debería ahora estar bien estampada. Puede que esté un poco más delgada y que tenga que enderezarla un poco. Vuélvala a templar y luego colóquela entre dos hojas de metal planas con un trozo de la misma tela encima.

4 Con un martillo, golpee la plancha de arriba suavemente hasta que la plata de dentro se haya aplanado.

5 Ahora la plancha está lista para que la corte en tres partes. Dibuje dos líneas rectas por el lado dibujado de la plata, con la ayuda de una regla.

6 Ahora corte los tres trozos del colgante con la sierra. Lime los bordes de cada pieza y colóquelas juntas para comprobar que cuadran. En este ejemplo, las dos piezas del exterior se han cortado más cortas que la de en medio.

7   Suelde los trocitos pequeños de tubo en el dorso de cada pieza con soldadura dura. Asegúrese de que están alineados a través de cada pieza y en la posición que quiere que vayan en el colgante.

8   Retire cualquier resto de soldadura con una lima fina y limpie los dorsos con papel de lijar. Limpie los frontales con estropajo de acero y jabón líquido.

9   Para adaptar una cadena normal tipo serpiente, con la sierra corte cuidadosamente por el bucle, por donde se une con la cadena. Utilice la hoja más fina que pueda.

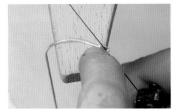

10 Con un par de alicates de punta redonda y plana, abra el bucle.

11 Pase la cadena por los tubitos de cada una de las tres piezas.

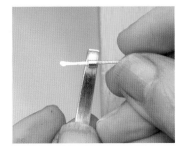

12 Doble el bucle hasta devolverlo a su forma original. Colóquelo sobre el ladrillo de soldar con las piezas del colgante al otro lado de la cadena. Ponga fundente en la junta y meta un trocito de soldadura atravesada encima.

13 Coloque una hoja de mica encima de la cadena de modo que el extremo que va a soldar sea el único que la llama toca directamente. Cuando haya terminado de soldar, sostenga la punta de la cadena dentro de la solución desoxidante para limpiarla; luego aclárela y séquela. Límpielo con una gamuza para plata.

EL COLGANTE ACABADO
El dibujo del encaje ha permitido que una flor se convierta en el motivo central de este colgante de tres piezas.

Proyecto 6: Broche circular

El diseño de este broche muestra dos acabados complementarios, y cortar los círculos pondrá a prueba sus habilidades en calar. Este proyecto incluye también una decoración en oro blanco y amarillo, que debe soldarse de una manera particular.

MATERIAL:

Plancha de plata de 1 mm (calibre 18), 90 mm cuadrados

Tubo de plata de 1 mm de diámetro interior, de unos 10 mm aproximadamente de largo

Hilo de plata de 1 mm (calibre 18), de 100 mm de largo

Hilo de sección D de 2 x 1 mm (calibre 12x18) de aproximadamente 80 mm de largo

Trozos de hilo de oro dorado y blanco (18 quilates) de 0,5 mm (calibre 24)

Fundente

Soldaduras: dura y blanda

HERRAMIENTAS:

Compás de puntas fijas

Sierra de calar

Punzón

Martillo

Taladro

Limas

Marcador

Cinta de enmascarar

Pulidora eléctrica y cepillo de acero inoxidable

Pincel pequeño

Soplete

Ladrillo de soldar

Papel de cocina

Lima de aguja plana

Papeles de lijar

Alicates de punta redonda y plana

Alicates paralelos

Tenazas

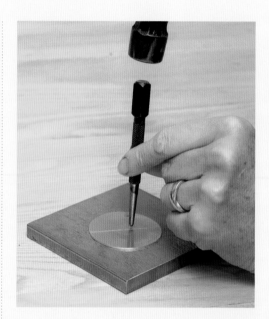

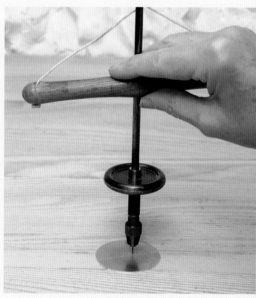

1   Con el compás de puntas fijas o una plantilla dibuje un círculo de 80 mm de diámetro en la plancha de plata. Marque el borde externo y el borde para el círculo interior. Asegúrese de que la punta del compás está apoyada en la plata con firmeza y luego trace los círculos con la otra punta. Puede que le resulte más fácil cortar el círculo si luego abre un poco el compás y dibuja un segundo círculo: aproveche entonces el espacio entre las dos líneas para serrar. Utilice un punzón para marcar el lugar en el que perforará el agujero para el círculo interior.

2   Taladre el agujero. (Hacer un agujero en el borde del círculo interno provoca menos desperdicio que realizar un agujero en el centro.)

VÉASE TAMBIÉN
Unidad 14, Perforar, p. 52
Unidad 24, Pulir y acabar una pieza, p. 84
Unidad 27, Accesorios, p. 92

3 Pase la segueta por el agujero y corte el círculo interior.

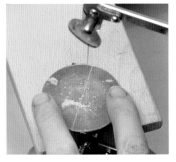

4 Lime el círculo interior hasta la línea marcada con una lima ovalada o semicircular.

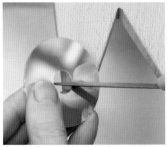

5 Lime el borde externo hasta la línea marcada con una lima plana.

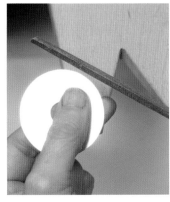

6 Encuentre la línea media a través del círculo y márquela con la punta de un punzón.

7 Pegue un trozo de cinta de enmascarar siguiendo la línea.

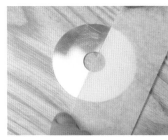

8 Acople el cepillo de acero inoxidable a la pulidora eléctrica y úsela para dar textura en el lado descubierto de la plata.

9 Corte unos trozos diminutos de oro amarillo y blanco con la sierra. Asegúrese de que están completamente planos. En el dorso de cada uno ponga un poco de fundente y un pedacito de soldadura dura, y caliéntelos hasta que fluya la soldadura. Desoxide, enjuague y seque los trozos. Luego aplane el bultito de soldadura con una lima de aguja plana hasta que quede casi plano.

10 Pegue cinta de enmascarar en la mitad texturizada de la plata y pula la mitad expuesta con papel de lijar desde grado 400 hasta grado 1.200 para obtener una superficie lisa y sin arañazos.

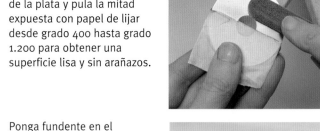

11 Ponga fundente en el dorso de los trozos de oro y colóquelos encima del broche. Caliente con cuidado, de manera que los trozos de oro queden en su lugar y el calor se concentre en la plata, mientras vigila la línea de plata a medida que se van soldando en la pieza.

12 Para realizar la aguja, temple el hilo redondo de 1 mm. Con los alicates de punta redonda y plana haga un círculo muy apretado en una punta. Siga girando el hilo alrededor de los alicates para hacer una espiral.

13 Sujetarla a medida que va girando con unos alicates paralelos le ayudará a mantener plana la espiral. Realice unos dos giros completos alrededor del centro.

14 Elabore el cierre con el hilo de sección en D. Con la punta redonda de los alicates en la parte curva de la D, haga un bucle para el gancho.

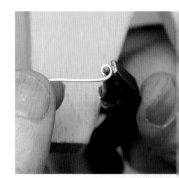

15 Empuje el lado plano de modo que quede recto. Corte la punta de la parte plana del hilo con unas tenazas, dejando unos 5 mm. El gancho debe quedar equilibrado en la parte plana.

16 Coloque el gancho y el tubo en el dorso del broche. Ponga fundente en los bordes y apoye dos trocitos de soldadura dura o media en cada uno. Caliente la pieza con mucho cuidado, manteniendo la llama cerca de la zona media, de manera que no toque ni el gancho ni el tubo. Siga moviendo la llama hasta que fluya la soldadura. Desoxide, enjuague y seque.

17 Pase la aguja por el tubo de manera que el extremo en espiral quede simplemente apoyado debajo. Ponga fundente alrededor de este extremo, y coloque trocitos de soldadura blanda alrededor y dentro de la espiral. Caliente suavemente el broche sin dejar que la llama toque la aguja de hilo, hasta que fluya la soldadura. Desoxide, enfríe y seque.

18 Doble la aguja para acercarla todo lo que pueda al tubo con unos alicates pequeños de nariz chata, hasta hacerla entrar en el cierre.

19 Corte la punta y afílela con una lima. Suavícela con papel esmeril y frotándola fuerte con el bruñidor.

EL BROCHE ACABADO

En este broche, los fragmentos decorativos de oro blanco soldados en la mitad pulida de la pieza han sido texturizados. En cambio, los de oro amarillo soldados en la mitad texturizada se han pulido.

Tablas de conversiones

GROSORES DE METAL
Conversión precisa de calibres del sistema
métrico al imperial

Calibre B&S	mm	pulgadas
2	6,54	0,258
4	5,19	0,204
6	4,11	0,162
8	3,26	0,129
10	2,59	0,102
12	2,05	0,081
14	1,63	0,064
16	1,29	0,051
18	1,02	0,040
20	0,81	0,032
22	0,64	0,025
24	0,51	0,020
26	0,40	0,015
28	0,33	0,013
30	0,25	0,010
32	0,20	0,008
34	0,16	0,006
36	0,13	0,005

EQUIVALENCIA RÁPIDA DE TAMAÑOS EN MM/CALIBRE

mm	calibre B&S más próximo
3,00	8
2,50	10
2,00	12
1,50	14
1,25	16
1,00	18
0,75	20
0,64	22
0,50	24

TAMAÑOS DE ANILLOS

EE.UU	R. Unido	Europa	mm	Pulgada	EE.UU	R. Unido	Europa	mm	Pulgada	EE.UU	R. Unido	Europa	mm	Pulgada
½	A		37,83	1,490	5	J ½	9	49,20	1,938	9 ½	T	21	61,13	2,408
¾	A ½		38,42	1,514	5 ¼	K	10	49,80	1,962	9 ¾	T ½	22	61,77	2,434
1	B		39,02	1,537	5 ½	K ½		50,39	1,986	10	U		62,40	2,459
1 ¼	B ½		39,62	1,561	5 ¾	L	11	50,99	2,009	10 ¼	U ½	23	63,04	2,484
1 ½	C		40,22	1,585	6	L ½		51,59	2,033	10 ½	V	24	63,68	2,509
1 ¾	C ½		40,82	1,608	6 ¼	M	12	52,19	2,056	10 ¾	V ½		64,32	2,534
2	D	1	41,42	1,632	6 ½	M ½	13	52,79	2,080	11	W	25	64,88	2,556
2 ¼	D ½	2	42,02	1,655	6 ¾	N		53,47	2,107	11 ¼	W ½		65,42	2,580
2 ½	E		42,61	1,679		N ½	14	54,10	2,132	11 ½	X	26	66,07	2,603
2 ¾	E ½	3	43,21	1,703	7	O	15	54,74	2,157	11 ¾	X ½		66,67	2,627
3	F	4	43,81	1,726	7 ¼	O ½		55,38	2,182	12	Y		67,27	2,650
	F ½		44,41	1,750	7 ½	P	16	56,02	2,207	12 ¼	Y ½		67,87	2,674
3 ¼	G	5	45,01	1,773	7 ¾	P ½		56,66	2,232	12 ½	Z		68,47	2,680
3 ½	G ½		45,61	1,797	8	Q	17	57,30	2,257					
3 ¾	H	6	46,20	1,820	8 ¼	Q ½	18	57,94	2,283					
4	H ½		46,80	1,844	8 ½	R		58,57	2,308					
4 ¼	I	7	47,40	1,868	8 ¾	R ½	19	59,21	2,333					
4 ½	I ½	8	48,00	1,891	9	S	20	59,85	2,358					
4 ¾	J		48,60	1,915	9 ¼	S ½		60,49	2,383					

Índice

A

abombar y realizar cilindros, 88-89
  hacer una semiesfera, 88-89
  hacer cilindros, 89
  trucos, 88
acabado, *véase* pulido y acabado
accesorios, 92-95
  aplicar accesorios comerciales, 94
  archivo de accesorios, 92
  hacer un pasador de broche, 94-95
  hacer un bucle en S, 93
acero inoxidable, 53
agujerear, 90-91
  tipos de taladros, 90-91
  trucos, 90
  usar un pequeño taladro manual, 91
aluminio, 38, 52
atornillar, 70

B

banco de trabajo, 24-25
  trucos para el taller, 25
bisagras, 71
bronce, 52

C

cabujones, 40
caja de luz, 15
calibres, usar, 104, 105
  convertir hilo cuadrado en hilo
    redondo, 105
  reducir hilo redondo, 104-105
  trucos para transformar el perfil del
    hilo, 104
cámara digital, 14, 15
cilindros, hacer, *véase* abombar y hacer
  cilindros
cobre, 38, 39, 52
cortar, 68-69
  cortar trozos de soldadura de plata, 69
  cortar trozos de soldadura de oro, 69
  cortadores superiores y laterales, 68
cuentas: ensartar un collar de cuentas, 43

D

desoxidar, 18, 60-63
  desoxidar con ácido sulfúrico, 62
  desoxidar con potasa, 61
  seguridad, 60, 62
  tipos de desoxidante, 60
  truco para calentar la solución
    desoxidante, 61
dibujos, 16, 17
doblar, 64-67
  doblar hoja de metal para hacer un
    anillo, 65
  doblar hilo de metal para un anillo, 65
  hacer ángulos, 66
  hacer espirales, 66
  usar herramientas de doblar, 67

E

edificios, 12, 13
efectos textiles, 13
enfriar, 60
engastar piedras, 108-114
  calcular el tamaño de un engaste, 111
  hacer un cono, 114
  hacer un engaste en garras, 113
  hacer una montura elevada para una
    piedra, 110
  montar un cabujón redondo y plano,
    109
  montar piedras, 11-112
  truco para engastar piedras, 112
escanear, 16
estrellas, 42
estudios abiertos, 11
exposiciones, 10, 11

F

fotocopiar, 16
fotografía, 10, 14-15
  diseños a partir de fotos, 15
  fotografiar la obra propia, 15
  primeros planos, 14, 15
fundición, 96-100
  cantidad de metal, 96
  fundir plata, 100

moldes de arena, 98-99
moldes de hueso de sepia, 97

G

galerías, 10, 11
ganchos, 71

H

herramientas, 26-33
  herramientas de agujerear, 31
  herramientas de cortar y aserrar, 27
  herramientas de doblar, 28
  herramientas de limpiar, 29
  herramientas de moldear, 30
  herramientas para medir, 26
  herramientas para pulir, 33
  herramientas para soldar, 32-33
  herramientas para sujetar, 28
  limas, 29
  martillos, 30-31
hilo de metal, trabajar con, 119-123
  ensartar cuentas para un collar, 121
  hacer aritos, 122
  hacer bolas en las puntas, 123
  hacer bolas, 123
  retorcer hilo de metal, 120
  trucos para hacer aritos, 122
  trucos, 119
hormas, tas, 80-83
  hacer una semiesfera, 83
  hacer un anillo grueso, 82
  usar hormas y tas, 81

I

inspiración, 10-13
  dónde mirar, 11
  ejercicio, 12
  explorar ideas, 13
  qué mirar, 12
  recoger ideas, 11-12
internet, 11

L

laminador, usar un, 106-107
  laminar plata, 107

trucos, 106
libreta de bocetos, 11
libros, 10, 11
limar, 76-79
  limar un canto recto, 77
  limar dentro de una curva, 78
  trucos para limar, 78
  usar limas de distintas formas, 79
limpiar, 63
  limpiar el pulidor, 63
luz
  banco de trabajo, 25
  difusa, 15
  natural, 15
  y oscuridad, 12, 13, 14

M

martillo, trabajar con el, 101-103
  crear textura con el martillo, 103
  estirar metal con el martillo, 103
  hacer un remache, 102
  trucos, 103
medir, 46-49
  averiguar el peso, 46
  averiguar la medida de un anillo, 47
  averiguar la medida de un brazalete, 48
  fórmulas útiles, 46
  longitudes, 49
metales no preciosos, 38-39
  endurecer el metal, 39
  propiedades, 38
metales preciosos, 34-37
  propiedades de la soldadura de oro y
    plata, 36
  propiedades, 34-35
  templar oro, 37
metales, encargar, 20-21
  averiguar las dimensiones, 21
  características del metal en lámina, 20
  encargar hilo metálico, 21
moda, 12
multiculturalidad, 12
museos, 10, 11

N
naturaleza 12, 13

O
objetivos, 15
objetos encontrados, 16
ojos de gato, 42
ópalos, 41
oro, 35
   de muchos quilates, 53
   de pocos quilates, 53
   soldaduras, 36
   templar, 37

P
perforar, 15, 52-57
   ajustar la hoja de la sierra, 52
   cortar formas interiores, 55
   cortar hilo de metal, 56
   cortar metales, 52, 53
   cortar tubos gruesos, 57
   perforar una forma, 53
   perforar una línea recta, 54
   trucos para perforar, 54
   usar un cortador de tubos, 57
piedras
   calidad, 41
   comprar piedras 41, 42
   formas, 40
   quilates, 41
   tallas, 40
piedras talladas, 40
plasmar las ideas, 18-19
   archivo de métodos de construcción, 18
   hacer un boceto de trabajo de un
      anillo, 19
   hacer un dibujo preciso a escala, 19
plata, 35
   soldaduras, 36
   estándar, 53
platino, 34
plomo, 38
postales, 11

proyectos,
   anillo con cabujón engastado, 126-128
   brazalete grabado, 130-131
   broche circular, 136-139
   colgante con textura, 134-135
   gemelos de fundición, 129
   pendientes decorados de hilo, 132-133
pulir y acabar, 84-97
   acabar una tira lisa a mano, 86
   herramientas, 85
   pulir a máquina una tira lisa, 87
   seguridad, 87
   trucos para eliminar las escamas de
      fuego, 84

Q
quilates, 41

R
reflejos, 12
remaches, 70
revistas, 11

S
software de imágenes, 15
soldar, 18, 72-75
   probar soldaduras distintas, 73
   soldar la junta de un anillo, 74
   soldar pequeños accesorios, 75
   trucos de soldado, 73, 74
sombras, 12

T
técnicas,
   hacer una maqueta, 22
   hacer una plantilla, 23
   probar, 22-23
templar, 58-59
   templar una hoja de plata, 59
   templar hilo metálico grueso, 59
   templar hilo metálico fino, 58
   trucos para templar, 58
texturas, crear, 115-118
   crear textura con calor, 118

   crear textura con un laminador, 116
   grabar una banda de plata, 117
   trucos, 115
titanio, 38
transferir diseños, 15, 50-51
   dibujar el diseño en el metal, 51
   fijar un dibujo en el metal, 50
   trazar el dibujo en el metal, 51
tres dimensiones, pensar en, 17
trípode, 15
turmalinas, 42
turquesa, 41

U
unir, 70-71
   trucos para unir, 71
   tipos de eslabones para unir, 70-71
   usar aritos, 70-71

V
valorar ideas,
   desarrollar ideas, 16
   hacer esquemas, 17

Y
yunques, 89

Z
zinc, 38

Fuentes

REVISTAS

Lapidary Journal Jewelry Artist
300 Chesterfield Parkway, Suite 100
Malvern, Pennsylvania 19355
Tel: 610-232-5700
Fax: 610-232-5756
www.jewelryartistmagazine.com

Crafts
44a Pentonville Road
London N1 9BY
United Kingdom
Tel: +44 (0) 20 7806 2542
Fax: +44 (0) 20 7837 0858
www.craftscouncil.org.uk

Metalsmith
Society of North American Goldsmiths
540 Oak Street, Suite A
Eugene, Oregon 97401
Tel: 541-345-5689
Fax: 541-345-1123
www.snagmetalsmith.org

Retail Jeweller
33–39 Bowling Green Lane
London EC1R 0DA
United Kingdom
Tel: +44 (0) 20 7812 3724
Fax: +44 (0) 20 7812 3720
www.retail-jeweller.com

LIBROS

Crowe, Judith
Jeweller's Directory of Gemstones
A&C Black, 2006

Fisher, Mark
Britain's Best Museums and Galleries
Allen Lane, 2004

Haab, Sherri
The Art of Metal Clay (with DVD)
Watson-Guptill, 2007

McCreight, Tim
Jewelry: Fundamentals of Metalsmithing
Hand Books Press, 1997
Complete Metalsmith
Brynmorgen Press, 2004

Olver, Elizabeth
Jewelry Design: The Artisan's Reference
North Light Books, 2000
The Art of Jewelry Design:
From Idea to Reality
North Light Books, 2002

Untracht, Oppi
Jewelry Concepts and Technology
Doubleday, 1982

Van de star, Renee
Ethnic Jewellery
Pepin Press, 2006

PÁGINAS WEB

www.jewelrymaking.about.com
www.snagmetalsmiths.org
www.whoswhoingoldandsilver.com
www.jaa.co.au
www.acj.org.uk

Créditos

Para los nuevos

Muchísimas gracias a mis colegas joyeros que han tenido la gentileza de facilitarme de sus obras para incluir en el libro. Sus nombres aparecen reflejados más abajo. G a HS Walsh, de Beckenham y Londres, por el préstamo de todas las herramientas nu y a Prabhu Enterprises y Affinity Gems por su generoso préstamo de piedras precios gemas. Un agradecimiento entusiasta a todos mis alumnos que, a lo largo de los añ me han enseñado tantas cosas. Gracias también a Peta, de Kings Framers, por sus fe en el "museo". Y finalmente, gracias a Paul por las divertidas sesiones de fotografía Liz, por hacer que todo discurriera sin nervios.

Jinks McGrath

Quarto quiere agradecer a los siguientes artistas (y fotógrafos, entre paréntesis), su amabilidad al facilitarnos las imágenes incluidas en este libro:

Clave: a=arriba, b=abajo, c=centro, i=izquierda, d=derecha

Elaine Cox www.elainecox.co.uk 54b, 64c, 101a; Robert Feather www.robertfeather.c 64a; John Field www.jfield.co.uk 49br, 108br; Shelby Fitzpatrick www.shelbyfitzpatric (Mike Blissett) 64r, 83r, 92b; Clare Ford 49r, 72ar; Charmian Harris www.charmianha co.uk 64bl; Rauni Higson www.raunihigson.co.uk 17ar, 17br, 48ar, 67a, 67b, 80ar, 8c Jon and Valerie Hill 18r, 64cl, 108al, 112ar, 115a; Karen Holbrook 140, 141; Ulla Hörnfe www.ullahornfeldt.com 40al, 72br; Daphne Krinos www.daphnekrinos.com (Joël Deg 46, 85ar; Linda Lewin www.lindalewin.co.uk 119r; Jane Macintosh www.janemacintos com (Joël Degen) 8al, 8br, 34r, 70al, 76r; Jane Macintosh www.janemacintosh.com (F Focus) 85br; Catherine Mannheim www.catherinemannheim.com (FXP) 34l; Al Marsh www.fluxnflame.co.uk 56l; Jesa Marshall www.fluxnflame.co.uk 14l; Jinks McGrath 9c Guen Palmer www.guenpalmer.com (Full Focus) 92a, 108ar, 112br; Nicola Palterman www.nicolapalterman.com 115b, 119l; Kate Smith www.katesmithjewellery.co.uk 16; Susy Telling www.susytelling.com 42r; Mari Thomas www.marithomas.com 21bl, 44; Alan Vallis www.alanvallis-oxo.com 96, 108bl; H.S.Walsh & Sons www.hswalsh.com

El resto de imágenes son propiedad de Quarto Publishing PLC. Aunque se han hech todos los esfuerzos para acreditar a los colaboradores, Quarto desea pedir disculpa caso de que se haya producido cualquier error u omisión y estará encantado de hac correcciones apropiadas en futuras ediciones del libro.